Bilder der *Luftfahrt*

LUFTHANSA

So fing alles an. Am 6. Januar 1919 begann die Deutsche Luft-Reederei, die erste Fluggesellschaft der Welt, die planmäßige Luftpostbeförderung zwischen Berlin und Weimar. Im folgenden Monat kamen Flugverbindungen zwischen Berlin und Hamburg und dem Ruhrgebiet hinzu. Hier wird Luftpost – anscheinend hauptsächlich Zeitungen – zum Postamt in Gelsenkirchen gebracht.

Umschlagfoto:
Die Junkers Ju 52/3m ist geradezu ein Synonym für Lufthansa. Deswegen ist es kein Wunder, daß die Fluggesellschaft weiterhin eine dieser Maschinen für Vergnügungsflüge einsetzt, die von der Historischen Stiftung der Lufthansa veranstaltet werden. Gebaut im Jahr 1935, diente die Junkers Ju 52/3m der Lufthansa als D-AQUI „Fritz Simon". Später würde sie von DNL als Schwimmflugzeug genutzt und kam dann wieder zurück zur Lufthansa. Nach dem Krieg wurde sie in Norwegen eingesetzt. Nach langer Zeit in Equador und in den USA erwarb die Lufthansa die Maschine für $200.000 und brachte sie mit einer Boeing 747 nach Hamburg, um sie dort zu restaurieren. Seit April 1986 ist die Maschine wieder im Einsatz. Obwohl sie als D-AQUI gekennzeichnet ist, ist die ursprüngliche Registrierung am Heck D-CDLH.

Bilder der

Luftfahrt

LUFTHANSA

zusammengestellt von Mike Hooks

SUTTON
VERLAG

Im Gegensatz zum Bild auf Seite 2 benutzt die Lufthansa heutzutage etwas größere Flugzeuge! Hier wird eine Frachtmaschine vom Typ Boeing 747 von vorne mit Hilfe eines Spezialhebekrans mit Containern beladen.

Die englische Originalausgabe erschien 1999 bei Tempus Publishing in Stroud/GB.

Sutton Verlag GmbH
Hochheimer Straße 59, 99094 Erfurt
www.suttonverlag.de

ISBN 978-3-89702-228-7

Druck: Books on Demand GmbH, Norderstedt, Deutschland

Inhaltsverzeichnis

Mit Hilfe einer einfachen Stehleiter besteigt ein Passagier die L.V.G. C.VI D34 der Deutschen Luft-Reederei in Berlin-Johannisthal. Nach der Kleidung des Passagiers zu urteilen, erwartete ihn in diesem offenen Doppeldecker wohl ein kühler Flug!

Einführung

Die zivile Luftfahrt in Deutschland nach dem Ersten Weltkrieg begann am 8. Januar 1919, als das Reichsluftfahrtministerium der Deutschen Luftreederei (DLR) eine Lizenz zum Betrieb einer privaten Fluglinie erteilte. Am 5. Februar startete der Luftpostverkehr zwischen Berlin und Weimar. Durch die Beförderung von Militärpost während des Krieges hatte man schon Erfahrung gewonnen. Die DLR wurde eines der Gründungsmitglieder der International Air Traffic Association IATA, die am 28. August 1919 in Den Haag entstand. Im folgenden Jahr kooperierte die DLR mit der holländischen KLM und der dänischen DDL, so daß die erste internationale Flugverbindung von Malmö/Copenhagen über Warnemünde, Hamburg und Bremen nach Amsterdam eröffnet werden konnte.

Der Flugverkehr nahm langsam zu, und in Deutschland konnte mit finanzieller Unterstützung der Reichsregierung eine Reihe von kleineren Fluggesellschaften etabliert werden. Zu diesen neuen Unternehmen gehörte Lloyd Luftverkehr Sablatnig (später Lloyd Luftdienst), 1919 gegründet von der Reederei Norddeutscher Lloyd und den Sablatnig Flugzeugwerken.

Im April 1921 riefen die Firmen, die an der DLR beteiligt waren – AEG, HAPAG und Luftschiffbau Zeppelin – eine Holding mit dem Namen Aero-Union AG ins Leben, in deren Besitz die DLR überging. Im November entstand in Berlin die Deutsch-Russische Luftverkehrsgesellschaft mbH (Deruluft). Dieses Unternehmen gehörte zu gleichen Teilen der Aero-Union und der russischen Regierung. Am 1. Mai 1922 nahm Deruluft den Flugdienst zwischen Königsberg und Moskau auf.

Am 6. Februar 1923 schlossen sich DLR und Deutscher Luftdienst zum Deutschen Aero-Lloyd zusammen. Dieses Luftfahrtunternehmen stand in Konkurrenz zu Junkers Luftverkehr, einer Firma, die zu dem gleichnamigen Flugzeughersteller gehörte. Die Wettbewerber wuchsen beständig, bis die Reichsregierung, die beide Firmen subventionierte und Geld einsparen wollte, darauf bestand, daß die Firmen fusionierten. Am 6. Januar 1926 wurde die „Deutsche Luft Hansa“ gegründet.

Nach Angaben der Interalliierten Kommission wurden nach dem Waffenstillstand von 1918 mehr als 600 AEG J.1 gebaut. Diese zweisitzigen bewaffneten Aufklärungsflugzeuge mit 200-PS-Benz-Motoren wurden zu verschiedenen Zwecken eingesetzt.

Genau wie die AEG J.1 hatte die zweisitzige L.V.G. C.VI einen 200-PS-Benz-IV-Motor. Etwa 1.000 Flugzeuge dieses Typs wurden gebaut. Das Beladen des Flugzeuges mit Post zieht hier in Gelsenkirchen viele Schaulustige an. Am 5. Februar 1919 begann die Deutsche Luftreederei die planmäßige Luftpostbeförderung zwischen Berlin und Weimar.

Eine AEG N.1 der Deutschen Luft-Reederei – manchmal mit Bindestrich geschrieben, manchmal, wie auf diesem Foto, ohne. Angetrieben von einem 200-PS-Benz-IV, hatte die N.1 eine kleine Passagierkabine. Die Piloten saßen über und hinter der Kabine. Mehrere dieser Flugzeuge waren 1919 in Deutschland registriert; D 38 wurde nach der Gründung der Lufthansa 1926 von dieser übernommen, ehe man sie zwei Jahre später außer Dienst stellte.

Kommerzielle Flüge begannen am 6. April, und bis zum Jahresende wurden etwa sieben Millionen Kilometer zurückgelegt. Zu den Routen gehörte die erste Nachtverbindung für Passagiere zwischen Berlin und Königsberg, die sich an die Deruluft-Verbindung nach Moskau anschloß und es so ermöglichte, an einem Tag von Moskau nach Berlin zu fliegen.

Im April 1926, dem ersten Monat des Flugbetriebes, hatte Lufthansa noch 6.940 kg Fracht befördert, im April verfünffachte sich das Frachtaufkommen auf 33.809 kg. Die Gesellschaft hatte das enorme wirtschaftliche Potential des Luftfrachtverkehrs schnell erkannt. 1928 wurden zusätzliche Frachtflüge von Berlin nach London und Paris durchgeführt. Junkers-Ingenieure arbeiteten am Umbau des ersten speziellen Frachtflugzeuges, der einmotorigen Ju 52/1m, die zwei Tonnen Fracht bis zu 1.000 Kilometer weit transportieren konnte.

Mit der Einführung der Junkers G 24, der ersten dreimotorigen Maschine im Dienst der Lufthansa, wurden Verbindungen in den Fernen Osten erkundet. Am 23. Juli 1926 starteten in Berlin drei G 24 in Richtung Peking. Die Maschinen überflogen Rußland und kamen am 30. August in der chinesischen Hauptstadt an. Ende 1926 hatte die Lufthansa schon 120 Flugzeuge unterschiedlicher Typen in Dienst.

Die Fluggesellschaft war führend in der technischen Entwicklung beim Blindflug, der Navigation, dem Funk und der Flugkontrolle. Zudem kamen die neuesten Flugzeugtypen zum Einsatz. Die robuste einmotorige Junkers F 13, eine Hauptstütze des Flugbetriebes der ersten Jahre, war mit ihrem Rumpf aus gewelltem Metall besonders verläßlich und stark. Diese technische Besonderheit sollten dann alle Junkers-Maschinen bis hin zur Ju 52/3m aufweisen. Die dreimotorige Passagiermaschine, welche zum Inbegriff für Lufthansa in den dreißiger Jahren wurde, nutzte dann auch die Luftwaffe als Transportflugzeug. Für Vergnügungsflüge setzt Lufthansa noch heute eine Ju 52/3m aus den dreißiger Jahren ein.

1927 stellte Lufthansa den zweimotorigen Albatros-Doppeldecker L 73 in Dienst, dessen acht Sitze sich für Nachtflüge zu vier Kojen umbauen ließen. Ein Jahr darauf wurden die Fluggäste der drei für jeweils 15 Passagiere ausgelegten Junkers G 31, die zwischen Berlin und anderen europäischen Städten verkehrten, während des Fluges verpflegt.

Lufthansa und ihre Vorgänger waren seit langem an Verbindungen nach Südamerika interessiert. Die erste Zusammenarbeit kam 1919 zustande, als mit deutscher Beteiligung die Sociedad Colombo Alemana de Transportes Aéreos (SCADTA) im kolumbischen Baranquilla gegründet wurde. Die neue Fluggesellschaft kaufte zwei Wasserflugzeuge vom Typ Junkers F 13 und setzte für ihren 1921 einsetzenden regulären Flugverkehr deutsche Piloten ein.

Die Friedrichshafen G.IIIA wurde als Langstreckenbomber gebaut und von Anfang des Jahres 1917 bis zum Waffenstillstand eingesetzt. HFW und Daimler bauten 338 Maschinen mit zwei 260-PS-Mercedes-D.IVA-Motoren. Im November 1919 erwarb die Deutsche Luft-Reederei die D 121 von Lloyd L.V. Sablatnig, um während eines Eisenbahnerstreiks Post zwischen Berlin und anderen Städten zu befördern.

Verschiedene AEG J.II wurden von der Deutschen Luft-Reederei umgebaut und mit einer geschlossenen zweisitzigen Kabine versehen. Dieses Flugzeug, welches mit einem 200-PS-Benz-IV-Motor ausgestattet ist, erhielt später die Bezeichnung D 23.

1924 gründeten der Deutsche Aero-Lloyd und die SCADTA das Condor Syndikat in Berlin, um Möglichkeiten für den Flugverkehr zwischen Kolumbien, Mittelamerika und den USA, sowie für Transatlantikflüge nach Südamerika zu untersuchen. Von Dornier kaufte man zwei Flugboote vom Typ Wal, „Atlantico" und „Pacifico", und führte Testflüge nach Key West und Miami durch. Politische Verwerfungen beendeten allerdings dieses Experiment.

1927 gründete Lufthansa die brasilianische Fluggesellschaft Syndicato Condor Ltda. in Rio de Janeiro. Im folgenden Jahr flog ein Wasserflugzeug vom Typ Junkers G 24 im Condor-Verbund.

Am 22. Juli 1929 startete ein Heinkel He 12-Wasserflugzeug mit Hilfe eines Katapultes von dem Passagierschiff „Bremen", welches sich 400 Kilometer vor New York befand. Die He 12 brachte die erste Luftpost nach New York und verkürzte damit die Beförderungsdauer um einen Tag. Auf der Rückreise mit der „Bremen" startete die He 12 acht Kilometer westlich von Cherbourg in Richtung Bremerhaven, 800 Kilometer entfernt. Von dort brachte ein Anschlußflug die Luftpost aus Amerika weiter nach Berlin. Lufthansa weitete diese erfolgreichen Dienste während der nächsten drei Jahre aus.

Gemeinsame Bemühungen von Lufthansa, Condor und HAPAG ermöglichten es, daß das Luftschiff „Graf Zeppelin" im Mai 1930 seine erste Reise von Friedrichshafen nach Südamerika antreten konnte. Damit wurde die Reisezeit von Berlin nach Rio auf fünf Tage verringert. Eine weitere Exkursion folgte im November 1931, als das zwölfmotorige Flugschiff Dornier Do-X mit Unterstützung von Lufthansa und Condor in Süd- und Nordamerika 33.650 Kilometer in 198 Flugstunden zurücklegte. Die Südamerikaflüge wurden mit der Beförderung von Luftpost zwischen dem Festland und Ozeandampfern fortgesetzt. Die Lufthansa flog Post nach Friedrichshafen, von wo der „Graf Zeppelin" sie zur Condor in Südamerika brachte, welche die Luftpost dann auslieferte.

Weitere Atlantiküberquerungen per Zeppelin folgten im Jahre 1932. Schließlich charterte Lufthansa vom Norddeutschen Lloyd den Dampfer „Westfalen" und baute ihn in einen schwimmenden Stützpunkt für Dornier-Wal-Flugboote im Südatlantik um. Die „Westfalen" wurde mit einer von Heinkel entwickelten Großflugzeug-Schleuderanlage ausgestattet. Zusätzlich erhielt sie am Heck einen Kran, mit dem die Flugboote an Bord gehievt werden konnten.

Am 29. Mai 1933 startete in Bremerhaven zum ersten mal ein Dornier-Wal mit Hilfe eines Katapultes, am 6. Juni unternahm der Do-Wal „Monsun" nach einem Katapultstart den ersten Flug nach Natal. Der erste planmäßige Flug von Deutschland nach Südamerika – welcher gleichzeitig der erste planmäßige Transatlantikflug überhaupt sein sollte – fand am 3. Februar 1934 statt. Der Wal benötigte vier bis fünf Tage, um die 11.369 Kilometer von Berlin über Stuttgart, Sevilla, Bathurst in Britisch-Gambia und Natal nach Rio zurückzulegen. Der erfolgreiche Einsatz der „Westfalen" und die Intensivierung der Flüge – zunächst fanden sie zweiwöchentlich, dann wöchentlich statt – führten dazu, daß Lufthansa den zehntonnigen Do Wal einführte (das Vorgängerflugboot hatte nur acht Tonnen gewogen) und ein zweites Hilfsschiff in Auftrag gab, die „Schwabenland". Die „Schwabenland" wurde an der Mündung des Gambia-Flusses stationiert, während die „Westfalen" vor dem brasilianischen Festland in der Nähe der Insel Fernando Noronha kreuzte.

Ab 1935 wurde auch nachts geflogen, wodurch sich die Flugzeit zwischen Deutschland und Buenos Aires auf dreieinhalb Tage verringerte. In diesem Jahr beteiligte sich Lufthansa an der Gründung der Deutschen Zeppelinreederei (DZR). Am 25. August 1935 fand der 100. planmäßige Postflug über den Atlantik statt – etwa vier Millionen Luftpostbriefe waren bis dahin transportiert worden. Bald bestellte Lufthansa ein drittes Unterstützungsschiff, die „Ostmark", die schneller und kleiner als ihre Vorgängerinnen war.

Am 26. April 1937 begann „Graf Zeppelin" seinen letzten planmäßigen Flug. 1936 hatte das Luftschiff 572 Passagiere auf der Strecke zwischen Europa und Südamerika transportiert. Ein neues Unternehmen, die Sociedad Ecuatoriana de Transportes Aéreos (SEDTA), wurde im Juli gegründet. Im folgenden Frühling nahm die SEDTA den Flugbetrieb mit zwei von der Lufthansa gecharterten Junkers W 34 auf, schließlich erwarb die Lufthansa die Anteilsmehrheit an der neuen Fluggesellschaft. Mit der Gründung einer weiteren Luftfahrtgesellschaft in Peru ging die Lufthansa in Südamerika weiter auf Expansionskurs. Dies sollte allerdings das letzte geschäftliche Engagement der Lufthansa außerhalb Europas werden.

Zwischen August und November 1937 wurden zwei Blohm und Voss Ha 139 zu Testflügen eingesetzt. Diese viermotorigen Wasserflugzeuge nutzten die schwimmenden Stützpunkte „Schwabenland" und „Friesenland" und die Möglichkeiten, die Katapultstarts boten, um verschiedene Strecken zurückzulegen, von denen die erste von den Azoren nach New York führte. Die Testflüge wurden auch im folgenden Jahr fortgesetzt, bis am 10./11. August eine Focke-Wulf Fw Condor D-ACON der Lufthansa in 24 Stunden und 36 Minuten von Berlin nach New York flog.

Die stark veränderte AEG J.II (K) D 9 von Aero Lloyd aus dem Jahr 1918 unterscheidet sich von der Maschine auf dem gegenüberliegenden Bild. D 9 war mit einem 200-PS-BMW-IV-Motor ausgestattet, welcher dem Flugzeug eine klarere Erscheinung verlieh. Die Bezeichnung (K) steht für „Kabine".

Ungefähr 1.000 L.V.G C.VI mit 200-PS-Benz-Motoren wurden in Berlin-Johannisthal als Aufklärungsflugzeuge gebaut. D 89 der örtlichen Gesellschaft Luft Lloyd hatte eine einfache Teilverdeckung mit Seitenfenstern am hinteren zweisitzigen Cockpit.

Lloyd-Luftverkehr Sablatnig, gegündet im Jahre 1919 vom Norddeutschen Lloyd und Sablatnig Flugzeugbau, eröffnete mit der sechssitzigen Sablatnig P.III den Linienflugverkehr zwischen Berlin und Stralsund. P.III war mit verschiedenen Motoren ausgestattet, die D 2 ist vermutlich das erste Flugzeug mit einem 240-PS-Armstrong-Siddeley-Puma. Später gehörte die Maschine der Lufthansa, bevor sie 1932 verschrottet wurde.

Das Flugzeug, welches mit speziellen Tanks für zusätzliches Benzin ausgestattet war, brachte es auf eine Durchschnittsgeschwindigkeit von 255 km/h. Der Nonstopflug führte über Hamburg, Glasgow, Neufundland und Halifax. Es sollte 18 Jahre dauern, bis Lufthansa den nächsten Nordatlantikflug durchführte.

Im Jahre 1938 nahm Lufthansa mit eigenen Flugzeugen den Flugverkehr nach Chile auf. Zunächst bestand eine Verbindung zwischen Buenos Aires nach Santiago de Chile, eine Verbindung nach Brasilien folgte bald darauf. Im Januar 1939 bot die Fluggesellschaft bereits eine Verbindung über 15.039 Kilometer zwischen Berlin und Santiago de Chile an.

Als 1939 Chile von einem Erdbeben erschüttert wurde, brachte das zweite viermotorige Dornier Do 26-Flugboot „Seefalke" 567 Kilogramm medizinische Hilfsgüter von Warnemünde nach Rio. Das Flugboot legte die 10.700 Kilometer in 36 Stunden zurück. Im Juni desselben Jahres wurde die erste von zwei Focke-Wulf-Maschinen des Typs Condor an Condor in Südamerika geliefert – eine sinnfällige Namensgleichheit. Das Flugzeug legte die Strecke zwischen Bathurst und Natal in neun Stunden und 47 Minuten zurück.

Lufthansa blickte nicht nur nach Westen, sondern auch in Richtung Osten. 1930 wurde mit China ein auf zehn Jahre befristeter Kooperationsvertrag für die Luftpostbeförderung abgeschlossen. Die nun gegründete „Eurasia Aviation Corporation" mit Sitz in Nanking gehörte zu einem Drittel Lufthansa, welche die Flugzeuge vom Typ Junkers F 13 und W 33, sowie Crews und Ersatzteile einbrachte.

Lufthansa entwickelte neue Flugverbindungen und lieferte mehrere Ju 52/3 nach China. 1938 wurde bereits Afghanistan angeflogen. Im November dieses Jahres flog eine Fw 200 Condor 14.278 Kilometer von Berlin nach Tokio. Eine direkte Flugverbindung von Berlin über Bangkok bis nach Tokio rückte in greifbare Nähe. 1939 legte die Ju 52/3m D-AGAK noch einmal diese Strecke zurück. Aber mit Ausbruch des Krieges wurde eine solche Verbindung illusorisch.

Einer der älteren Doppeldecker, welcher über die Jahre verschiedenen Fluglinien diente, war der L.V.G. C.V. Lufthansa besaß 1926/27 die D-1179 „Bisam", die im folgenden August bei einem Feuer zerstört wurde.

Die L.F.G. V-130 „Stresaland" D 796 der Gesellschaft Luftverkehr Pommern konnte bis zu 700 kg zuladen. Später flog die Maschine unter dem Namen „Stettin" für Lufthansa. Das Flugzeug war nacheinander mit einem Benz-IV-, einem Ju-L2, und einem BMW-IV-Motor ausgestattet. Lufthansa nutzte die Maschine für den Verkehr zu verschiedenen Seebädern.

Im Jahre 1938, dem letzten Vorkriegsjahr, transportierte Lufthansa 287.000 Passagiere über 27 Millionen Kilometer. Insgesamt fanden 52.619 Inlandsflüge und 13.483 internationale Flüge statt. 21 Flugrouten führten von Berlin-Tempelhof in alle Welt. 1940 wurde die Verbindung nach Asien von den Chinesen ausgesetzt, und das deutsche Personal verließ China.

Durch den Kriegsausbruch mußten fast alle Lufthansa-Verbindungen eingestellt werden. Am 21. April 1945 fand der letzte planmäßige Flug der Lufthansa statt. Es sollte zehn Jahre dauern, bis die Nachkriegs-Lufthansa ihren ersten Flug startete.

Nach mehreren Jahren der Planung wurde die neue Lufthansa am 6. Januar 1953 in Köln gegründet. Von Lockheed wurden vier Super Constellations bestellt, und die Piloten und Navigatoren besuchten erste reguläre Auffrischungskurse. Mit dem Hamburger Flughafen schloß Lufthansa einen langfristigen Vertrag ab, um eine große Wartungs- und Überholungshalle zur Verfügung zu haben. Im folgenden Jahr wurde die Luftag, wie die Gesellschaft ursprünglich hieß, in Deutsche Lufthansa AG umbenannt. Die praktische Pilotenausbildung begann in Hamburg im Winter 1954/55 auf mehreren Saab Safir, worauf dann die Instrumentenflugausbildung auf DC-3 folgte, welche außerhalb Deutschlands registriert waren.

Zusätzlich hatte Lufthansa noch vier Convair 340 bestellt. Die ersten beiden dieser Maschinen kamen am 29. November 1954 in Hamburg an. Am 1. März 1955 begannen Testflüge mit britischen Piloten und deutschen Co-Piloten. Nach den Pariser Verträgen erhielt die Bundesrepublik ihre Souveränität und Lufthoheit erst am 5. Mai 1955, aber die Westalliierten erteilten Lufthansa eine Sondergenehmigung, so daß der Flugverkehr schon etwas früher aufgenommen werden konnte. Zunächst waren rein deutsche Besatzungen verboten, aber dies sollte sich schnell ändern.

Am 1. April 1955 begann der planmäßige Inlandsflugverkehr zwischen Hamburg, Düsseldorf, Köln, Frankfurt und München. Mitte April landete die erste Super Constellation nach einem Nonstopflug von New York, der 13 Stunden und 47 Minuten dauerte, in Hamburg. Zunächst stellte die amerikanische TWA die Piloten für diese Verbindung, aber im März 1956 startete zum ersten Mal eine Super Constellation mit rein deutscher Crew in Richtung USA.

Für die Inlandsflüge waren im vorangehenden Jahr drei DC-3 gekauft worden. 1954 hatten der Norddeutsche Lloyd, die Deutsche Bundesbahn und Lufthansa den Deutschen Flugdienst gegündet. Aus dem Flugdienst wurde bald Condor, die Charterfluglinie von Lufthansa. Zahlreiche neue Flugverbindungen entstanden, und im Oktober 1956 konnte Lufthansa ihren 1000. planmäßigen Transatlantikflug feiern. 1957 wurden fünf Convair 440 gekauft, denen weitere Convair sowie vier L 1649 Starliner folgten. Der Starliner war die letzte Maschine der Constellation-Familie. Er konnte sogar bei starkem Gegenwind und voll beladen nonstop von Deutschland in die USA fliegen.

Eine neue Ära begann im Jahre 1958, als vier Viscount 814 für die europäischen Routen bestellt wurden, denn dies waren die ersten Turbopropflugzeuge im Dienst der Lufthansa. Die großen Fenster und Sessel der Viscount, sowie die ausgesprochen geringe Vibration machten das Flugzeug bei Passagieren sehr beliebt.

Am 1. Mai 1956 hatte die Fluggesellschaft in Bremen ihre eigene Verkehrsfliegerschule gegründet. Die ersten Flugzeuge der Schule waren zwei Beech Twin Bonanzas. Die Bremer Schule hatte dann auch andere Flugzeuge für die Grundausbildung zur Verfügung, so etwa de Havilland Chipmunks und Saab Safirs. Später wurde das Training in einer Pilotenschule der Lufthansa in Phoenix, Arizona/USA fortgesetzt, wo die Piloten den Great-Lakes-Doppeldecker, Beech Bonanza und Baron flogen. Nach 225 Flugstunden in ein- und zweisitzigen Maschinen beendeten die Piloten ihre Grundausbildung mit 25 Stunden auf der Beech King Air, die mit Instrumenten ausgestattet war, welche jenen der Boeing 737 ähnelten, in der die Piloten nach Abschluß der Ausbildung eingesetzt wurden.

1960 trat Lufthansa mit der Boeing 707-430 in das Zeitalter der Düsenflugzeuge ein. Damit wurden auch Routen in den Fernen Osten eröffnet. Da für die Verbindungen innerhalb Europas und in den Nahen Osten ebenfalls Düsenflugzeuge benötigt wurden, bestellte Lufthansa 21 Boeing 727, von denen die erste Anfang 1964 geliefert wurde. Um auch dem gestiegenen Luftfrachtaufkommen Herr zu werden, kamen noch zwei 727-30 in der Quick-Change-Version hinzu.

Das Ende einer weiteren Ära war besiegelt, als 1967 die letzte Super Constellation außer Dienst gestellt wurde. Dieser Flugzeugtyp hatte in 185.000 Flugstunden 83 Millionen Kilometer zurückgelegt – das ist 108 mal die Strecke von der Erde zum Mond.

Eine weitere L.V.G. V-130 im Dienst von Luftverkehr Pommern wurde in den zwanziger Jahren von Lufthansa als D 810 genutzt. Die V-130 bestand aus einer hölzernen Konstruktion, die mit Gewebe abgedeckt war, und verfügte über eine viersitzige geschlossene Kabine. Der Pilot saß in einem offenen Cockpit vorne oberhalb der Kabine.

Die Caspar C 35 Priwall war eine Sonderanfertigung für Lufthansa. Die Maschine verfügte über ein zweisitziges geschlossenes Cockpit und über eine geschlossene Kabine für acht Passagiere. Das Flugzeug mit dem Namen „Rostock" bestand hauptsächlich aus einer hölzernen Konstruktion und war mit einem 500-PS-BMW-IV-Motor ausgestattet. In den Jahren 1928/29 diente die Caspar auch der Frachtbeförderung, sie wurde jedoch 1930 zerstört.

Nachdem Lufthansa sich an der Planung und Entwicklung des Kurzstreckenflugzeuges Boeing 737 beteiligt hatte, wurden 21 dieser Maschinen bestellt. Die ersten 737, welche die Werften verließen, wurden ab Februar 1968 nach Deutschland geliefert. Ein weiteres Mal kam Lufthansa zuerst zum Zuge, als im März 1970 die erste Boeing 747 in Europa nach Deutschland geliefert wurde. Im selben Jahr wurde die Douglas DC-10 bestellt, ein weiteres Großraumflugzeug, das 1973 geliefert werden sollte. 1971 wurde die letzte Turboprop, eine Vickers Viscount, außer Dienst gestellt. Sie blieb in Frankfurt, um für die Flugbegleiter-Ausbildung eingesetzt zu werden. Ende 1971 bestand die Flugzeugflotte der Lufthansa aus 75 Boeing 707, 727, 737 und 747.

Fünfzig Jahre nach der Gründung der Vorkriegs-Lufthansa im Jahre 1926 wurde der erste Airbus A300 an die Fluggesellschaft geliefert. Dies war der Beginn einer langen und erfolgreichen Partnerschaft mit dem europäischen Herstellerkonsortium, denn in den folgenden Jahren wurden verschiedene neue Airbus-Typen eingeführt: A310, A320, A321, A340 und A319. Mitte 1998 besaß Lufthansa 13 A300, neun A310, 33 A320, 20 A321, 15 A319, 17 A340, 18 Avro RJ85, 75 Boeing 737, 43 Boeing 747 und 32 Canadair RJ. Die Avro und Canadair RJ stehen im Dienst der Lufthansa CityLine, der früheren DLT. In diese Zahlen sind elf Boeing 747 mit eingeschlossen, welche von der Lufthansa Cargo, vormals German Cargo, betrieben werden. Lufthansa Cargo kaufte 1998 noch fünf Boeing (früher McDonnell Douglas) MD-11.

Schließlich sollte noch die Flotte der Charterfluggesellschaft Condor erwähnt werden. Die Tochtergesellschaft der Lufthansa, welche 1955 gegründet worden war, besaß Mitte 1998 drei Airbus A320, vier Boeing 737, 18 Boeing 757, neun Boeing 767 und drei McDonnell Douglas DC-10.

Dies war nur ein kurzer Blick auf die Geschichte der Lufthansa. Er orientierte sich vor allem an den Flugzeugen, denn dieses Buch soll eher ein Fotobuch als eine umfassende Geschichte der Lufthansa sein. Um der Geschichte der Lufthansa gerecht zu werden, müßte man einen sehr dicken Band schreiben. Die meisten Informationen in diesem Buch basieren auf der Broschüre „Die Lufthansa-Story" von 1985, einem hervorragenden Beispiel für die innerhalb des Unternehmens betriebene Firmengeschichte. Ich habe im ganzen Buch die Bezeichnung Lufthansa verwendet, um nicht ständig zwischen Deutscher Lufthansa, Luft Hansa und den weiteren Bezeichnungen wechseln zu müssen.

Mein besonderer Dank gilt dem Lufthansa-Archiv in Köln, das die große Mehrzahl der Fotos zur Verfügung gestellt hat, die hier veröffentlicht werden.

1.
Lufthansa wird gegründet

Das deutsche Luftverkehrswesen wurde duch die Gründung von Lufthansa am 6. Januar 1926 erheblich gestärkt. Nun waren die wichtigsten Fluggesellschaften, die vorher gegeneinander gearbeitet und über die unterschiedlichsten Flugzeugtypen verfügt hatten, zu einer großen Einheit zusammengefaßt. Natürlich gab es Probleme, vor allem wenn es darum ging, Standards bei Flugzeugen einzuführen. Aber Lufthansa konnte nun ältere Flugzeuge – meist umgebaute Militärmaschinen, die nie besonders wirtschaftlich oder zuverlässig gewesen waren – außer Dienst stellen. Auch die Ersatzteile stellten ein Problem dar: Keine Fluggesellschaft möchte zu viele unterschiedliche Flugzeugtypen in ihrer Flotte, denn dann müssen immer größere Ersatzteillager unterhalten werden. Auch hier konnte man Einsparungen vornehmen.

Da Junkers Luftverkehr eines der Unternehmen war, die 1926 in der Firmenfusion aufgingen, konnte es kaum überraschen, daß Lufthansa viele Flugzeuge aus Kriegszeiten durch Ju F 13 ersetzte. Die F 13 war 1919 das erste Mal eingesetzt worden. Der Typ setzte Standards: Das Ganzmetallflugzeug verfügte über eine Vierpersonenkabine und einen 185-PS-BMW-Motor. Sein Rumpf aus gewelltem Duralumin wurde zu einem Markenzeichen für Junkers-Passagierflugzeuge bis hin zur Ju 52/3m. Die F 13 konnte mit Rädern, Skiern oder Schwimmern ausgestattet werden. Flugzeuge dieses Typs, dessen Zuverlässigkeit und Stabilität allgemein bekannt waren, wurden in den Anfangszeiten der zivilen Luftfahrt von verschiedenen Fluggesellschaften genutzt.

Bis 1938, als die viermotorige Ju 90 in Dienst gestellt wurde, blieb Lufthansa Junkers treu, wenn natürlich auch andere Flugzeuge zur deutschen Verkehrsflugzeugflotte stießen.

Diese Albatros L 58A gehörte zum Flugzeugbestand von Lufthansa bei der Gründung 1926. Der Eindecker hatte einen 360-PS-Rolls-Royce-Eagle-Motor und Platz für sechs Passagiere. Im Juni 1928 stürzte die D 576 „Wolkensegler“ ab.

Lufthansa bestellte zwei Albatros L 73, D 960 „Preußen“ und D 961 „Brandenburg“, welche 1926 ausgeliefert wurden. Drei verschiedene Motorentypen mit Leistungen zwischen 260 PS und 340 PS wurden nacheinander eingebaut. Durch den letzten Motor, einen BMW-VA, änderte sich die Typenbezeichnung in L 73C.

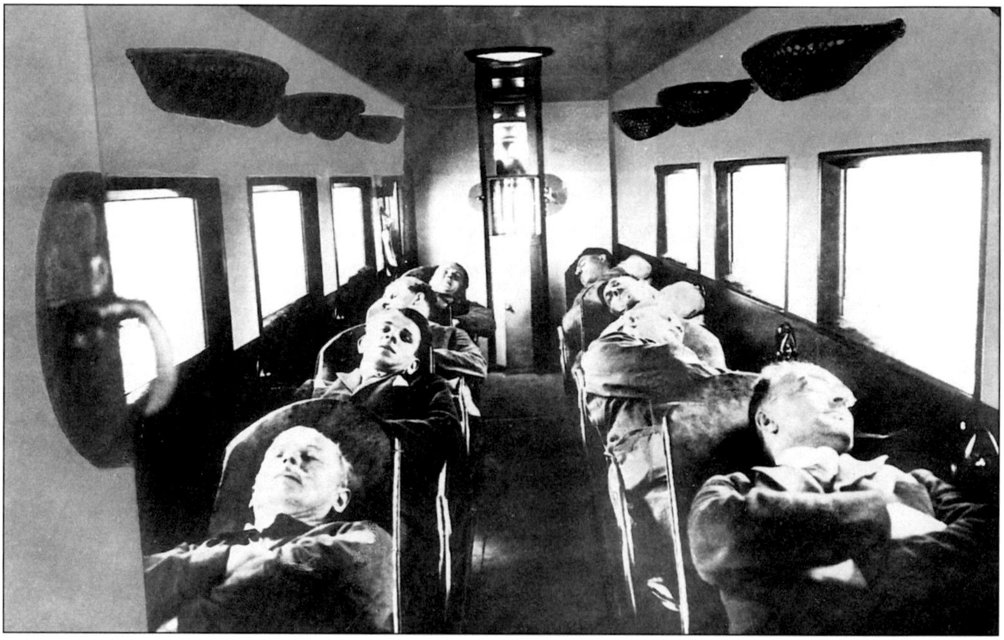

Die Albatros L 73 konnte acht Fluggäste transportieren. Nachts konnten die Sitze zurückgestellt werden, wie man auf diesem Foto sieht – wohl kaum sehr bequem! Die Kabine scheint lediglich über die allernotwendigste Ausstattung zu verfügen.

Die Sablatnig P II D 451 „Fliege“ war eine von zehn Maschinen dieses Typs, die seit 1926 von Lufthansa in Dienst gestellt wurden. D 451 „Fliege“ hatte ursprünglich einen 240 PS starken Armstrong-Siddeley-Puma-Motor, der später durch einen 230-PS-Junkers-L 2 ersetzt wurde. Das Flugzeug wurde im März 1932 demontiert. Im Vergleich mit dem Foto auf Seite 12 erkennt man Veränderungen an den Verstrebungen.

Eine Lufthansa-Maschine vom Typ Sablatnig PIII, D 581 „Libelle“, auf dem Flughafen Stuttgart-Böblingen, neben einer Ad Astra Dornier Merkur. Die PIII konnte in ihrer Kabine bis zu sechs Passagiere aufnehmen. Der Pilot saß hinten über der Kabine im offenen Cockpit. Genau wie D 451 wurde D 581 im März 1932 demontiert.

1926 übernahm Lufthansa 19 Fokker-Grulich F.II. Die Tragflächen waren von Albatros gebaut worden, der Deutsche Aero Lloyd in Berlin-Staaken hatte den Rumpf konstruiert und die Maschinen zusammengebaut. D 756 „Dievenow" hatte einen BMW-IV-Motor.

Die Fokker-Grulich F.II D 717, die später den Namen „Weichsel" trug, verfügte über eine ungewöhnlich geformte Frachtluke. Noch merkwürdiger sieht der dreirädrige Phanomobil-Milchwagen aus! Als das deutsche Kennungssystem von Zahlen auf Buchstaben umgestellt wurde, bekam diese F.II das Kennzeichen D-OVAZ.

Von seinem Cockpit aus sieht der Pilot einer Fokker-Grulich F.II zu, wie ein Passagier an seinem Koffer hantiert und das Flugzeug beladen wird.

Luftboys arbeiteten als Gepäckträger und halfen den Passagieren beim Einstieg in das Flugzeug. Ein Hinweisschild an der Tür dieser Fokker-Grulich F.II erinnert die Passagiere daran, die Tür nicht zu öffnen, während der Motor läuft. Die Maschine konnte fünf Passagiere befördern, von denen einer im Cockpit neben dem Piloten saß.

Mit der Zeit wurden auch Bindestriche bei den Flugzeugkennzeichen verwandt, wie dieses Foto der Fokker-Grulich F.II „Werra“ zeigt. Diese Maschine hat kein Seitenleitwerk und nur ein kleines Seitenruder. Die „Werra“ war ursprünglich mit einem BMW-IV-Motor ausgestattet, wurde dann aber mit einem BMW-V-Motor bis auf F.IIB-Standard hochgerüstet. 1934 wurde das Flugzeug als D-OGOT neu registriert. Die „Werra“ stürzte am 24. Juli desselben Jahres ab.

Um fünf Passagiere in einer breiteren Kabine befördern zu können, baute Fokker 1921 den Typ F.III. Zu den ersten ausgelieferten Flugzeugen gehörte Dz 8 für die Deutsche Luft-Reederei („Dz“ bezog sich auf die Freie Stadt Danzig), die mit einem BMW-IV-Motor ausgestattet war. Das Flugzeug wurde später als D 180 „Fürth“ für Lufthansa registriert. Am 8. September stürzte die „Fürth“ in der Nähe von Heroldsbach in Bayern ab. Der Absturz forderte drei Todesopfer.

1923 begann die Deutsche Luft-Reederei in Berlin-Staaken mit dem Bau von Fokker-Grulich F.III, die im folgenden Jahr vom Deutschen Aero Lloyd übernommen wurden. Eine der F.III des Aero Lloyd sieht man hier beim Landeanflug in Hamburg-Fulsbüttel. Im Juli 1935 wurde diese Maschine zusammen mit vier anderen von Lufthansa als abgeschrieben verzeichnet, vermutlich wurde sie verschrottet.

Die Deutsch-Russische Verkehrs GmbH (Deruluft) wurde 1921 gegründet. Am 1. Mai 1922 nahm die Fluglinie offiziell den Flugverkehr zwischen Königsberg und Moskau auf. Die erste von Fokker gebaute F.III, RR 1, landete am 30. April in Moskau-Chodynka. Die RR 3 kam am folgenden Morgen an.

Die Fokker-Grulich F.III D 575 „Isar“ hatte zuerst einen BMW-IV-Motor, der dann durch einen BMW-V-Motor ersetzt wurde, bevor man wieder zu einem IV-Motor zurückkehrte. Von Anfang an, noch vor der Gründung von Lufthansa, trugen Flugzeuge als Logo den stilisierten Kranich am Heck. Diese F.III wurde vermutlich im Juli 1935 verschrottet.

Vor idyllischem Hintergrund steht um 1930 die Fokker-Grulich F.III D 594 „Fulda“ auf dem Reichenhaller Flugplatz neben einer Udet Flamingo A 41 der Fliegerschule Salzburg. Die Flamingo kam später als D-1041 nach Deutschland zurück, während die F.III 1934 zu D-OTIK wurde, bevor man sie ein Jahr später verschrottete.

Die von einem Armstrong-Siddley-Puma angetriebene Fokker-Grulich F.III D 468 wird mit Fracht beladen. Für Inlandsfrachtflüge wurden F.III eingesetzt, von denen einige noch 1936 im Einsatz waren. D 468 allerdings wurde am 8. Oktober 1926 außer Dienst gestellt.

Die Dornier Komet III D 580 „Berlin-Köln" landet auf einer recht unebenen Landebahn. Ursprünglich gehörte die „Berlin-Köln" dem Deutschen Aero-Lloyd, bevor sie als „Panther" für Lufthansa flog. Dieses Foto ist daher etwas verwirrend, es entstand offenbar kurz vor der Umbenennung. Das Flugzeug wurde zu einer Dornier Merkur umgebaut, bevor es 1934 in den Besitz der Deutschen Flugschule überging.

Die Dornier Komet III war ähnlich konstruiert wie die Fokker F.III, wies aber verstrebte Tragflächen auf. Die D 552 „Frankfurt“ des Aero-Lloyd war eines von mehreren zum Typ Merkur umgebauten Flugzeugen. Unten ist dieselbe Maschine mit dem Namen „Gepard“ zu sehen.

Hier sieht man die D-552, jetzt mit Bindestrich und im Dienst der Lufthansa, als Dornier Merkur. Bemerkenswerte Unterschiede zum Bild oben sind Propeller und Motor. Als Merkur hatte die D-552 außerdem eine Aussparung an der Tragflächenhinterkante. Auf dem Schild im vorderen Fenster steht „Berlin – Essen/Mülheim“. Im Hintergrund ist das Gebäude der Flugzeugwerft Rohrbach in Berlin-Staaken zu sehen.

Passagiere gehen am 6. April 1926 an Bord einer Komet III, um am Jungfernflug dieser Lufthansa-Maschine von Berlin nach Zürich über Halle, Erfurt und Stuttgart teilzunehmen. Das Flugzeug ist die D 580 oder die D 585. Die D 585 stürzte am 23. September 1927 bei Schleiz in Thüringen ab und riß den Piloten und fünf Passagiere in den Tod.

Die Dornier Merkur RR 30 von Deruluft in Königsberg, dem Ausgangspunkt der Verbindung nach Moskau. Am 2. Mai 1927 wurde diese Route bis nach Berlin verlängert: Man beachte das Schild „Berlin-Moskau" im Kabinenfenster. Im Hintergrund sieht man die D-1079 „Blaufuchs", eine deutsche Merkur, die später in den Besitz der Lufthansa überging. Die Maschine stürzte im November 1932 an einem unbekannten Ort ab.

Bei Lufthansa erkannte man sehr schnell die Notwendigkeit reiner Frachtflüge. Schon 1928 existierte ein Frachtliniennetz. Hier sieht man die Dornier Merkur D 546 „Hyane", die von einem Daimler-Benz-Lastwagen auf dem Flughafen Stuttgart-Böblingen beladen wird. Ausgestattet mit einem BMW-VI-Motor, war die D 546 von einer Komet III zu einer Merkur umgebaut worden. Im August 1933 wurde die Maschine außer Dienst gestellt. Der Bindestrich taucht im Kennzeichen an der Flügelunterseite auf, nicht aber am Rumpf.

Eine Junkers F 13 wird auf dem Flughafen Mannheim aufgetankt. Im Hintergrund ist die Fokker-Grulich F.III D 533 zu sehen. Zu dieser Zeit galt es als fortschrittlich, Gleise für den Benzinwagen zu bauen. Das Hinweisschild am Rumpf der Junkers gibt an, daß die Maschine um 15.00 Uhr nach Karlsruhe fliegen soll.

Eine F 13 wird gründlich durchgesehen. Ihr 185-PS-BMW-IIIA-Motor, die Flügel und der Schwanz sind entfernt worden. Die Dicke der Tragflächen und ihre Konstruktion ist nun deutlich sichtbar, genau wie die gewellte Hülle aus Duralumin.

Bei diesem Lufthansa-Flugzeug, der F 13 D 1 „Nachtigall", handelt es sich wahrscheinlich um die umregistrierte ehemalige D 183, zumal D 1 und D 183 die selbe Konstruktionsnummer 531 aufweisen. In Berlin zu einem unbekannten Zeitpunkt aufgenommen, war die D1 bei Kriegsausbruch 1939 immer noch für Vergnügungsflüge im Einsatz.

Die F 13 hatte keinen automatischen Starter – der Propeller mußte per Hand angeworfen werden, wie hier bei der D-203 „Bussard“ gezeigt wird. Dieses Flugzeug wurde 1923 auf der Leipziger Frühjahrsmesse ausgestellt. Es ging in den Besitz der Deutschen Flugschule in Berlin über und erhielt das Kennzeichen D-ODEM.

Eine F 13 wird auf Hochglanz gebracht. Man beachte den Teppichklopfer über dem Junkers-Emblem. Der Motor konnte leicht erreicht werden, indem man einfach die Motorhaube zurückklappte.

Während des strengen Winters 1928/29 wurden die Fahrwerke von Flugzeugen mit Kufen versehen, wie hier bei der F 13 D-338 „Nebelkrähe“ auf dem Breslauer Flughafen. Der Umbau der Fahrwerke war relativ problemlos möglich. 1932 erhielt die Deutsche Flugschule in Berlin dieses Flugzeug, welches als D-OVAS registriert wurde.

Die F 13 D-ONIL, vormals D-464 „Laubsänger“, befindet sich hier in einer angenehmeren Umgebung. Die Passagiere sitzen in einer beheizten Kabine, und ihre Plätze sind mit Sicherheitsgurten ausgestattet. Die Piloten hingegen müssen mit einer kleinen Windschutzscheibe vorliebnehmen.

Junkers Luftverkehr Persien (LVP) betrieb diese F 13 R-RECC, die hier um 1927 auf dem Flughafen Teheran zu sehen ist. 1932 stellte LVP den Betrieb ein. Bei den ersten F 13, die 1923 in Teheran eingetroffen waren, hatte es sich um Militärausführungen mit direkt hinter dem Cockpit eingebautem Maschinengewehrstand gehandelt.

Am 1. Dezember 1927 wurde unter Beteiligung von Lufthansa in Rio de Janeiro das Syndicato Condor gegründet, welches ausschließlich in Deutschland gebaute Flugzeuge benutzte. In einer typischen Umgebung sieht man hier die F 13 P-BAJA „Iguassu", die frühere D-347 – eine von vier F 13, die von Condor eingesetzt wurden. Ursprünglich verkehrte sie nur auf Flügen entlang der Küste von Natal nach Rio und Buenos Aires, aber später steuerte Condor auch Ziele im Inland an.

Lufthansa stellte Besatzungen und Ausrüstungen für die deutsch-chinesische Fluggesellschaft Eurasia Aviation Corporation, die am 19. September 1930 gegründet worden war. Grundstock für die Eurasia waren mehrere F 13, auf deren Stabilität und Zuverlässigkeit es vor allem ankam, wenn unwirtliche Gegenden mit wenigen Landemöglichkeiten überflogen wurden. Eurasia flog später mit Ju W 33 und Ju 52/3m Ziele in ganz China an.

Mit der D-724 „Kolkrabe“ eröffnete Lufthansa am 1. Mai 1931 eine Luftfrachtverbindung zwischen Berlin und Istanbul. Hier ist das Frachtflugzeug über wenig einladendem Terrain mit einer bulgarischen Militäreskorte zu sehen, einer Potez XVII mit dem offensichtlich zivilen Kennzeichen B-BPEK. Die F 13 stürzte am 2. November 1932 in den Bergen ab.

Die etwas merkwürdig aussehende Focke-Wulf A 16 kam ab Juni 1924 zum Einsatz. D 659, ausgestattet mit einem 75-PS-Siemens-&-Halske-Motor, wurde von einem Berliner Verlagshaus zum Transport von Zeitungen benutzt. Aufgerüstet mit einem 100 PS starken S & H wurde die Maschine zu einer A 16C. Lufthansa setzte dieses Flugzeug unter dem Namen „Borkum" als eine von fünf A 16C ein. Die A 16C konnte vier Passagiere befördern. Der Pilot saß in einem offenen Cockpit mit einer Schutzverstrebung als Aufsatz. Lufthansa zog diesen Flugzeugtyp 1928 aus dem Verkehr.

Die Focke-Wulf A 17 Möwe D 1149 wurde 1928 an die Norddeutsche Luftverkehr ausgeliefert und kam dann in den Besitz der Nordbayerischen Verkehrsflug, um schließlich von Lufthansa erworben zu werden. Ungewöhnlicherweise gehen die Passagiere an Bord der „Bremen", während der 420-PS-Gnôme-Rhone-Jupiter-Motor schon läuft.

Lufthansa hatte insgesamt zehn A 17 auf In- und Auslandsrouten in Betrieb. Auf diesem Foto, das in der Schweiz aufgenommen wurde, ist die A 17A „Emden“ mit einem 480-PS-Siemens-Jupiter-VI-Motor zu sehen. Die Maschine konnte acht Passagiere und zwei Crewmitglieder befördern. Man beachte die Karre mit der Sauerstoffflasche in der Nähe des Fahrgestells.

Die Fratellinis, zu ihrer Zeit bekannte Clowns, steigen in Paris aus der A 17A „Osnabrück“. Die Tafel über dem Gepäckwagen der Lignes Aériennes weist auf die Flugroute Paris-Saarbrücken-Frankfurt-Berlin hin. Der Gendarm links scheint mehr am Fotografen interessiert zu sein!

Eine A 17 der Lufthansa, vermutlich die D 1430 „Hannover", wird auf dieser Aufnahme, die 1934 in Hamburg-Fulsbüttel entstand, mit Post beladen. Der Wagen sieht aus wie ein Dixi-Transporter – eine Version des Austin 7, die von BMW in Lizenz gebaut wurde. Auch hier läuft der Motor, und der Frachtarbeiter und sein Kollege sind gefährlich nah am Propeller.

Das nächste Modell der Focke-Wulf Möwe war die A 29, welche dieselben Tragflächen wie die A 17 hatte, aber mit einem 750 PS starken BMW-Motor ausgestattet war. Vier der fünf gebauten A 29 standen im Dienst von Lufthansa, D 1757 „Friesland" war die erste dieser Maschinen. Ende 1934 waren alle A 29 aus dem Verkehr gezogen.

Das nächste Passagierflugzeug von Focke-Wulf war die A 32 Bussard. Lufthansa besaß zwei der fünf gebauten Maschinen. D 1910 und D 1942 wurden im Jahre 1934 erworben, als D-OBES und D-ODUL registriert und auf der Strecke Bremen-Hannover-Erfurt-Nürnberg eingesetzt. Die sechs Passagiere fassende A 32 mit ihrem Junkers-L5-Motor (310 PS) war etwas kleiner als die A 17.

Die A 38 war das letzte und größte Modell aus der Möwe-Serie von Focke-Wulf. 1931 wurden vier solcher Maschinen für Lufthansa gebaut, die europäische Routen flogen. Anders als frühere Modelle hatte die A 38, die ursprünglich mit einem offenen 400-PS-Siemens-Jupiter-Motor ausgestattet war, ein teilweise versenktes Heckrad anstelle einer Gleitkufe. Bis zu zehn Passagiere konnten in dem Flugzeug reisen, dessen Crew aus zwei Piloten und einem Funker bestand.

Die 1928 gebaute Sonderanfertigung Arado V 1 D-1594 wurde von Lufthansa versuchsweise zum Luftposttransport eingesetzt. D 1594 flog verschiedene Langstrecken: Berlin-Marseille-Sevilla in 15 Stunden, Berlin-Istanbul, dann Berlin-Teneriffa-Las Palmas (Gran Canaria).

Die Arado V 1 am Flughafen La Laguna nahe bei Santa Cruz auf Teneriffa, wo das Flugzeug großes Aufsehen erregte. Ein BMW-Hornet mit einer Leistung von 500 PS trieb den dreiblättrigen Propeller an. Die Arado stürzte am 19. Dezember 1929 bei Neuruppin in Brandenburg ab. Es gab zwei Tote.

2.
Über den Atlantik

Schon die Vorgängerunternehmen von Lufthansa waren an Verbindungen mit Südamerika interessiert. Mit einem Grundbestand von zwei Junkers F 13-Schwimmerflugzeugen wurde 1919 unter deutscher Beteiligung und mit deutschen Piloten die kolumbiansiche Fluggesellschaft Sociedad Colombo Alemana de Transportes Aereos (SCADTA) gegründet. Fünf Jahre später rief der Deutsche Aero Lloyd in Berlin das Condor Syndikat ins Leben, um das Potential des Luftverkehrs in Südamerika zu erkunden. Man kaufte zwei Flugboote des Typs Dornier-Wal.

Im Januar 1927 gründete Lufthansa die brasilianische Fluggesellschaft Syndicato Condor. Nun lag der nächste Schritt, eine Verbindung von Europa nach Südamerika über den Südatlantik hinweg, nicht mehr fern. Lufthansa, Condor und Hapag unternahmen gemeinsame Anstrengungen, um das Luftschiff „Graf Zeppelin" auf die erste Reise nach Südamerika zu schicken. Der Zeppelin hob am 18. Mai 1930 in Friedrichshafen ab, landete am 22. Mai in Recife und vier Tage später in Rio. Lufthansa brachte Post bis nach Sevilla, von wo der Zeppelin sie bis nach Recife beförderte. Das letzte Teilstück übernahm Condor, welche die Post nach Rio und Buenos Aires flog. Später kam die deutsche Luftpost direkt nach Friedrichshafen, wo der Zeppelin sie aufnahm.

Finanziert von Lufthansa und Condor, startete im November 1931 ein zwölfmotoriges Flugboot Dornier Do X in Richtung Südamerika. Nach der Ankunft unternahm die Do X Testflüge in Süd- und in Nordamerika.

Lufthansa hatte weiterhin Interesse an der Luftpostbeförderung über den Südatlantik. Ein achttonniger Dornier Wal, der von dem umgebauten Dampfer „Westfalen" katapultiert wurde, unternahm zu diesem Zweck mehrere erfolgreiche Testflüge. So wurde dann ein zehntonniger Do Wal eingesetzt, und Lufthansa kaufte zwei weitere Unterstützungsschiffe.

Der erste planmäßige Flug fand am 3. Februar 1934 statt. Mit 38 Kilogramm Post an Bord flog eine Heinkel He 70 von Berlin-Tempelhof nach Stuttgart, dann über Marseille nach Sevilla, wo eine Ju 52/3m die Ladung übernahm und sie nach Bathurst in Britisch Gambia brachte. Die „Westfalen" stach, mit der Do 18 „Taifun" auf ihrem Katapult, von Bathurst aus in See. 36 Stunden später startete die „Taifun", landete in Natal, und ein Wasserflugzeug vom Typ Junkers W 34 brachte die Post nach Rio, wo ein Anschlußflugzeug nach Buenos Aires wartete. Im ersten Jahr des Bestehens dieser Flugverbindung führte Lufthansa 47 Südamerikaflüge durch.

Bei verschiedenen Flügen in den Jahren 1927 /28 sammelte man erste praktische Erfahrungen im Zusammenwirken von Schiff und Flugzeug. Die Junkers F13 D 298 wird hier an Bord des Dampfers „Lützow" des Norddeutschen Lloyd gehievt. Die Maschine wurde für Vergnügungsflüge eingesetzt.

Die im schweizerischen Altenrheim gebaute Dornier Do X war für Transatlantikflüge konstruiert. Ihre ersten Flug absolvierte sie 1929, was auch an der offensichtlich arrangierten Kennzeichnung D-1929 erkennbar ist. Ursprünglich war die Do X mit zwölf 525-PS-Siemens-Jupiter-Motoren ausgestattet, aber Probleme mit der Kühlung führten dazu, daß man 600-PS-Curtis-Conqueror-Motoren einbaute, wie man sie hier auch erkennt.

Die Do X bot ihren Passagieren viel Komfort. Hier sieht man einen Teil vom Hauptdeck des Prototyps. Die Do X hatte Platz für bis zu 100 Fluggäste, aber während der Testphase flogen sogar 169 Personen eine Stunde lang in der Maschine – die größte Anzahl von Menschen, die bis dahin an Bord eines einzigen Flugzeugs befördert worden war.

Der Do X Prototyp flog eine zeitlang für Lufthansa, bevor er der Deutschen Versuchsanstalt für Luftfahrt (DVL) zur Verfügung gestellt wurde. Ausgestellt im Deutschen Luftfahrtmuseum in Berlin, wurde das Flugzeug während eines Luftangriffes zerstört. Zwei weitere Do X wurden für Italien gebaut.

Im Mai 1929 wurden mit dem Dornier Do J 11 Wal D-2069, welcher später den Namen „Monsun" erhielt, in Bremerhaven Tests durchgeführt. Hier sieht man, wie das Flugzeug an Bord des Dampfers „Westfalen" gehievt wird. In der Elbmündung unternahm man dann Versuche mit dem von Heinkel gebauten K6-Katapult.

Ein Wal auf dem Katapult der „Westfalen" während der Versuche in Bremerhaven. Das Flugboot konnte bis zu 14 Personen in zwei Kabinen transportieren. Bei dem Beispiel hier handelt es sich allerdings um ein Frachtflugzeug.

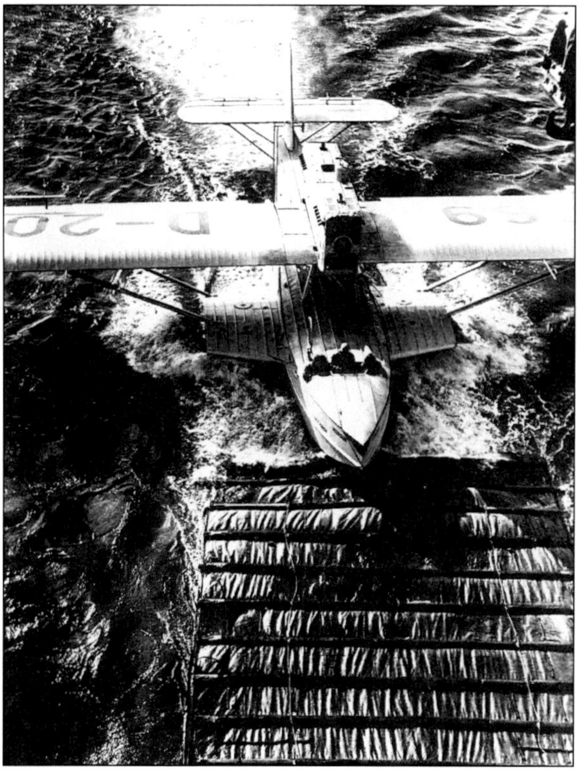

Am 6. Juni 1933 überquerte der Wal D-2069 den südlichen Atlantik. Die „Westfalen" diente als Zwischenlandeplatz und als Katapultschiff. Bei der Rückkehr fuhr das Flugboot auf ein Schleppsegel und wurde dann wieder auf das Katapult gehoben.

Der Wal D-2069 wird bei den ersten praktischen Versuchen in Bremerhaven von der „Westfalen“ katapultiert. Dieser Wal, 1934 registriert als D-ABIR, wog acht Tonnen. Er hatte ein offenes Cockpit und zwei 600 PS starke BMW-Motoren.

Der auf dem Katapult der „Westfalen“ befestigten Wal D-2399 „Taifun“ aus der Nähe. Man sieht die geöffnete Steueranlage. Dieser umgebaute Wal hatte ein geschlossenes Cockpit. Er wurde am 3. Februar 1934 für den ersten planmäßigen Luftpostdienst zwischen Deutschland und Südamerika eingesetzt.

Als der Luftpostdienst 1934 begann, flog eine Heinkel He 70B die Post nach Sevilla oder Larache in Nordafrika. Dort wurde sie dann umgeladen in eine Junkers Ju 52/3m, die die Post nach Bathurst in Westafrika beförderte. Dort übernahm ein Dornier Wal die Fracht, um sie über den Atlantik zu bringen. Die Flugzeuge auf der Abbildung sind die He 70B D-UBAF „Sperber“ und die Ju 52/3m D-AKYS „Emile Thüy“. D-AKYS wurde später als EC-AAH an Iberia verkauft.

Heinkel baute für Lufthansa das Katapult K2, welches auf dem zum Norddeutschen Lloyd gehörenden Passagierschiff „Bremen“ installiert wurde. Auf diesem Foto wird gerade die zweisitzige Heinkel He 12 D-1717, welche Lufthansa vom Norddeutschen Lloyd gechartert hatte, auf dem Rückweg von New York (dort hatte D-1717 den Namen dieser Stadt erhalten) vor Cherbourg in die Luft katapultiert. Am 6. Oktober 1931 stürzte das Flugzeug ab.

Die He 58 D-1919 „Bremen“, eine Weiterentwicklung der He 12, war für das K4-Katapult auf dem Passagierschiff „Europa“ ausgelegt. Später hatte dieses Flugzeug einen 450-PS-BMW-Hornet-Motor, eine Lizenzversion des Pratt-&-Whitney-Hornet, mit dem die He 12 flog. 1930 kam die „Bremen“ 24 mal zum Einsatz. Zwei Jahre später wurde sie durch eine Junkers Ju 46 ersetzt.

Um die He 12 und die He 58 zu ersetzen, gab Lufthansa bei Junkers für den Luftpostdienst zwei Schwimmerflugzeuge vom Typ Ju 46 in Auftrag. Die rot-weißen D-2244 „Europa“ und D-2271 „Bremen“ wurden auf den gleichnamigen Passagierschiffen eingesetzt. Die Ju 46 war eine verbesserte Version der W 34. Sie hatte einen offenen, 600 PS starken BMW-Hornet-Motor. D-2271 wurde später in ein Landflugzeug umgebaut und als PP-CAU an Condor verkauft.

Lufthansa erhielt später ein drittes Wasserflugzeug vom Typ Ju 46, vielleicht um das an Condor verkaufte zu ersetzen. Rot und weiß gestrichen wie die ersten beiden, sollte es ursprünglich das Kennzeichen D-3411 erhalten. Die Maschine ist mit diesem Kennzeichen wohl nie geflogen, jedenfalls wurde sie zur D-UBUS „Europa". Anders als die erste „Europa" hatte diese Maschine einen verdeckten Motor.

Die Dornier Do 18 sollte den Wal bei Ozeanflügen zu ersetzen. Der Prototyp D-AHIS „Monsun" flog am 15. März 1935. Er hatte zwei 540-PS-Junkers-Jumo-Motoren. Die in Serie produzierten Flugzeuge wurden dann mit 600 PS starken Jumos ausgestattet. Ab September 1936 wurden Do 18 versuchsweise für Nordatlantikflüge eingesetzt.

Die ersten beiden Do 18, die von Lufthansa für Nordatlantikflüge genutzt wurden, waren D-ARUN „Zephir" und D-ABYM „Aeolus". Beide fanden später für Südatlantikflüge Verwendung. Man beachte den im Vergleich zum Prototyp D-AHIS unterschiedlichen Einbau der Motoren.

Die Dornier Do 18E D-AROZ „Pampero" von Lufthansa wird an Bord des Mutterschiffes gezogen. Der Rumpf liegt tief im Wasser. Am 1. Oktober 1938 stürzte dieses Flugzeug ab, es gab fünf Opfer. Lufthansa setzte insgesamt sechs Do 18 aus vier verschiedenen Serien ein.

Am 18. Mai 1930 überquerte der „Graf Zeppelin“ erstmalig im Nonstopflug den Südatlantik: Das Luftschiff flog von Sevilla nach Recife in Brasilien. Ab dem 20. Mai 1932 verkehrte der Zeppelin alle zwei Wochen zwischen Friedrichshafen und Recife – allerdings nur von April bis Oktober. Hier sieht man das Luftschiff in Berlin-Staaken.

Lufthansa flog Luftpost direkt zum „Graf Zeppelin“, um die Postlaufzeiten zu verkürzen. Als das Luftschiff „Hindenburg“ 1937 bei einem Feuer in Lakehurst, New Jersey, zerstört wurde, bedeutete dies das Ende für den planmäßigen Luftverkehr mit Zeppelinen. Auf dieser Aufnahme ist der „Graf Zeppelin“ an seinem Ankermast in Recife zu sehen.

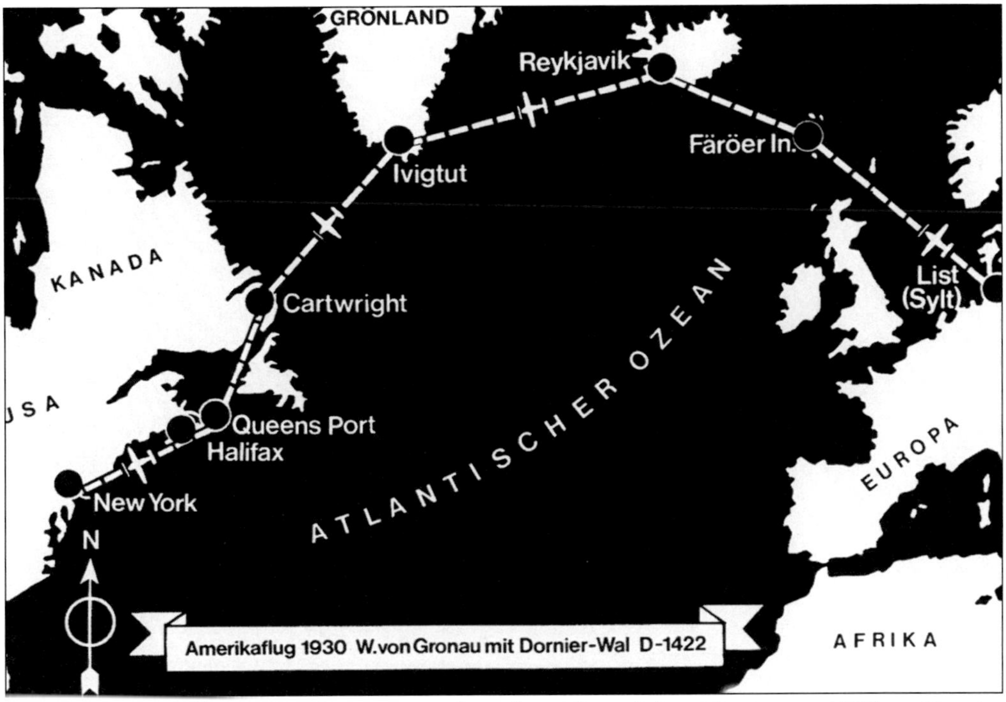

Der Flug von Wolfgang von Gronau zwischen dem 18. und dem 26. August 1930 im Dornier Wal D-1422 von List (Sylt) nach New York verstärkte das Interesse von Lufthansa an Nordatlantikflügen. Gronau war Direktor der Flugschulen in Warnemünde und List, die 1925 von Junkers und Aero Lloyd gegründet worden waren.

Gronaus Wal D-1422, vertäut auf dem Hudson River vor der berühmten Skyline von New York. Der Wal wurde 1932 im Deutschen Museum in München ausgestellt, später dann aber bei einem Luftangriff zerstört.

Nach Testflügen mit der Do 18 über den Nordatlantik führte Lufthansa zwischen August und November 1937 14 Transatlantikflüge durch. Die „Schwabenland“ und die „Friesenland“ wurden als schwimmende Stützpunkte für D-AMIE „Nordmeer“ und D-AJEY „Nordwind“, die beiden viermotorigen Wasserflugzeuge vom Typ Blohm & Voss Ha 139, eingesetzt. Hier sieht man die „Nordwind“ nach der Veränderung ihrer ursprünglich runden Seitenruder und Leitwerke.

Die Ha 139 D-AMIN „Nordmeer“ wird für den Abflug klargemacht. Sie ist auf dem Katapult des Hilfsschiffes „Schwabenland“ verankert. Die Ha 139 hatte 605 PS starke Junkers-Jumo-Dieselmotoren, die eine Reisegeschwindigkeit von 260 km/h bei einer Reichweite von 5.300 Kilometern ermöglichten.

Für eine dritte Versuchsserie auf dem Nordatlantik wurde eine dritte Ha 139 bereitgestellt, die D-ASTA „Nordstern". Diese Maschine hatte eine Spannweite von zweieinhalb Metern und größere Tragflächen, was eine etwas höhere Höchstgeschwindigkeit ermöglichte. Die drei Flugzeuge flogen 1938 26 mal über den Atlantik. Bei Ausbruch des Krieges im folgenden Jahr wurden alle drei der Luftwaffe unterstellt, wo sie für Aufklärungsflüge, sowie das Aussetzen und Aufspüren von Minen zum Einsatz kamen.

Um den Luftverkehr zwischen Lissabon und New York aufnehmen zu können, bestellte Lufthansa 1937 drei Flugboote vom Typ Dornier Do 26. Der Prototyp dieses Flugbootes mit seinem besonders klaren Design hob erstmals am 21. Mai 1938 ab. Die Do 26 war mit vier 600-PS-Junkers-Jumo-Motoren ausgestattet. Anders als seine Vorgänger hatte dieser Typ einziehbare Tragflächenschwimmer.

Letzte Vorbereitungen für das Heben der Do 26 D-AGNT auf das Katapult des Hilfsschiffes „Friesenland". Die Vertäuung am vorderen Rumpf ist deutlich zu erkennen. Lufthansa flog mit zwei Do 26 18 mal über den Südatlantik – die dritte bestellte Do 26, D-ASRA, war noch nicht fertig, als der Krieg ausbrach. D-ASRA, drei neu gebaute Do 26, sowie D-AWDS wurden von der Luftwaffe für den Norwegenfeldzug requiriert. Hurricanes schossen am 28. Mai 1940 zwei dieser Maschinen dort ab.

Die „Seeadler" befindet sich auf dem von Heinkel in Rostock gebauten K10-Katapult der „Friesenland". Eine Do 26 konnte normalerweise fünf Crewmitglieder und vier Passagiere befördern. Wäre sie jemals im regulären Passagierverkehr eingesetzt worden, hätten die Flugpreise wohl sehr hoch sein müssen.

Das funktionelle und sehr saubere (weil vermutlich brandneue) Cockpit einer Do 26. Die Uhr für den Piloten (linke Steuerkonsole) ist in der Mitte des Steuerrades angebracht, während sich diejenige für den Copiloten sich auf der Instrumentenkonsole ganz oben befindet. Durch die kleine Tür unten in der Mitte gelangte man zu den Haken für die Vertauung.

Anfang 1939 wurde die zweite Do 26, D-AWDS „Seefalke", fertiggestellt. Sie war mit Junkers-Jumo-Motoren ausgestattet, welche 700 PS leisteten. Wie auf diesem Foto sehen ist, wurden die hinteren Motoren während des Starts angehoben, um zu starke Gischt zu vermeiden.

Der Jungfernflug des ersten viermotorigen Landflugzeuges von Lufthansa, der Focke Wulf Condor, fand im Juli 1937 statt. Ein Prototyp dieses Passagierflugzeuges, die D-ADHR, zeigte mit einem Flug von Berlin über Salonica nach Kairo, was er konnte. Ab Sommer 1938 stellte Lufthansa sechs Maschinen dieses Typs für Inlandflüge in Dienst. Die Condor D-ACON flog mit einem von Focke Wulf eingebauten Spezialtank am 10./11. August 1938 nonstop von Berlin-Staaken nach New York. Hier fährt das Flugzeug mit Hilfe seiner beiden äußeren Motoren zu seinem Haltepunkt.

Ein anderer Blickwinkel auf die Condor D-ACON verdeutlicht die klaren Linien des Vollmetallflugzeuges, das bis zu 26 Passagiere in zwei Kabinen transportieren konnte. Dieses Flugzeug stürzte – vermutlich wegen Treibstoffmangels – am 6. Dezember 1938 vor Manila ins Meer.

Hier eine Condor von innen. Es handelt sich um die OY-DEM „Jutlandia", eine von zwei Maschinen dieses Typs der Danish Air Lines. Sie überstand den Krieg und gelangte später nach England. Wegen eines Schadens am Höhenruder wurde sie 1947 in Northolt verschrottet. Dies ist die hintere Kabine, Raucher saßen in der vorderen Kabine hinter dem Cockpit.

Die Condor D-AMHC „Nordmark" der Lufthansa in Berlin-Tempelhof. Lufthansa verfügte mit der Zeit über zwölf Condor und eine Spezialversion, D-2600, die Hitler nutzte. Die „Nordmark" wurde 1943 außer Dienst gestellt.

Die Condor D-AETA „Westfalen“ befindet sich im Landeanflug. Bemerkenswert ist das ausfahrbare Heckrad. Diese Maschine war der zweite Prototyp; sie wurde mit 720 PS starken BMW-132-Motoren ausgestattet. Die Luftwaffe nutzte diesen Typ mit leichten Abwandlungen als Transportflugzeug. Mit den entsprechenden Bordwaffen wurde die Condor auch zur Bekämpfung von Schiffen auf dem Atlantik eingesetzt.

Offensichtlich beeindruckt von der Condor, bestellte das brasilianische Syndikato Condor zwei Flugzeuge dieses Typs, PP-CB „Abaitara“ und PP-CBJ „Armani“, die 1939 mit 720-PS-Pratt-&-Whitney-Hornset-Motoren geliefert wurden. Die „Abaitara“ steht hier auf dem Santos-Dumont-Flughafen in Rio. Später wurde sie von Cruzeiro erworben. Am 8. März 1947 beschädigte eine DC-3 diese Maschine so schwer, daß sie nicht mehr repariert werden konnte.

3.
Zurück nach Europa

Die Focke-Wulf Condor wurde etwas zu schnell und nicht ganz der Reihenfolge entsprechend eingeführt. Der Grund dafür war ihr Flug von Berlin nach New York, der das Ende der Transatlantikoperationen mit Wasserflugzeugen besiegelte. Nun waren nämlich auch Langstreckenflüge mit Landflugzeugen möglich. Niemand weiß, wie die Entwicklung ohne den Ausbruch des Krieges fortgeschritten wäre, aber der Condorflug war ein Meilenstein für Lufthansa und die Luftfahrt insgesamt. Langstreckenflüge konnten nun in Stunden gemessen werden – anstatt in Tagen, die Ozeandampfer brauchten.

Im vorhergehenden Kapitel wurden vor allem die Transatlantikflüge behandelt. Nun aber wollen wir uns wieder den frühen Entwicklungen in Deutschland zuwenden. Wenig wurde bisher auch über die Entwicklung von Flughäfen geschrieben, so daß wir das Kapitel mit einigen Bildern von Berliner Flughäfen beginnen.

Nach Abschluß der zweiten Bauphase 1928 wurde Berlin-Tempelhof zum Ausgangsort für viele inländische und europäische Flüge der Lufthansa. Auf dem Rollfeld vor diesem neuen Terminal stehen die Junkers G 31 D-1722, die Rohrbach Roland II D-1729 und die Junkers-F 13 D-225.

Der 1923 eröffnete Flughafen Berlin-Tempelhof wurde zum Heimatflughafen von Lufthansa, als die Fluglinie 1926 gegründet wurde. Diese Ansicht von 1926 zeigt die ersten Warteräume für Passagiere, welche eher nach einer Bushaltestelle als nach einem Flughafen aussehen.

Passagiere werden am Lufthansa-Schalter abgefertigt, 1926. Offenbar handelt es sich um einen umgebauten Hangar. Diese Übergangssituation dauerte aber nicht allzu lange.

Der Haupteingang von Berlin-Tempelhof, Ende 1928.

Die ersten Zubringerbusse der Lufthansa trugen nicht weniger als 32 Bestimmungsorte auf den Schildern an ihren Dächern. Hier warten sie auf Passagiere der Fokker-Grulich F II D 784 oder der Junkers-G 24 D-879.

Die Wartehalle von Berlin-Tempelhof, um 1928. Vergnügungsflüge und andere besondere Flüge konnten am linken Schalter gebucht werden, während man zum Abflug durch die rechte Tür ging. Rechts davon befindet sich die Abflugtafel.

Im Vordergrund steht eine Udet U 8 D 670 mit einen Bristol-Luzifer-Motor, dann die Dornier Merkur D 596 „Wildkatze" von Lufthansa und eine Fokker-Grulich F II, außerdem drei Fokker-Grulich F III der Deutschen Luft-Reederei mit den Danziger Kennzeichen Dz 8, 5 und 10. Im Hintergrund sieht man mehrere Junkers-F 13.

Lufthansa unterhielt eine große Instandsetzungshalle am Flughafen Berlin-Staaken. Auf diesem Bild werden die BMW-Hornet-Motoren der Junkers-G 31 D-1786 „Westmark“ gewartet. Selbst in diesen frühen Tagen der Luftfahrt wurden über 40.000 Ersatzteile gelagert!

Die Rohrbach Roland I D-1327 „Hohentwiel“ wird in Berlin-Staaken vollständig überholt. Der gesamte Innenbereich der Tragfläche wird neu beplankt, weshalb die „7“ des Kennzeichens noch fehlt. Die Roland wurde 1934 als D-APIN neu registriert. Im Hintergrund links sieht man eine demontierte F 13.

1926 wurde der Prototyp Rohrbach Roland D 991 an Lufthansa ausgeliefert. Im folgenden Jahr kamen fünf in Serie gefertigte Flugzeuge dieses Typs hinzu. Frühe Modelle hatten ein offenes Cockpit und Metallpropeller, sowie an den Tragflächen montierte BMW-Motoren.

Die zweite Roland, D 999 „Watzmann“, mit hölzernen Propellerblättern und einem offenen Cockpit. Flugzeuge vom Typ Roland flogen ab 1927 von Berlin über Hannover und Amsterdam nach London. Im folgenden Jahr kamen Genf, Zürich, München und Wien als Ziele hinzu.

Passagiere an Bord der Roland D 99 konnten am Boden sogar die Fenster öffnen. Eine Hinweistafel mit der Route befindet sich unter dem geöffneten Fenster. D 999 ging später als M-CBBB in den Besitz von Iberia über und wurde zwischen Madrid und Barcelona eingesetzt.

Roland I D-1280 „Feldberg" mit Metallpropellern, 1926. Zehn Passagiere konnten befördert werden. Um 1931 waren bereits sieben Roland auf den Lufthansarouten in Betrieb. Die abgebildete Maschine wurde als M-CAFE an Iberia verkauft.

Skier werden an Bord einer Roland gebracht, die auf schneebedecktem Rollfeld aufgetankt wird. Die Malerei auf der Passagiertür ist ein interessantes Detail.

Die erste Roland II war die D-1692 „Stolzenfels". Sie hatte ein geschlossenes Cockpit. Lufthansa besaß neun Maschinen dieses Typs, von denen drei, D-1712, D-1729 und D-1735, später an Deruluft gingen. D-1712 verbrannte bei einem Feuer im März 1935, während die anderen beiden später als D-ANUZ und D-AVOK neu registriert wurden. Die „Stolzenfels" wurde D-ARAF. Lufthansa setzte bis 1935 Rolands ein.

Für ihre Transatlantikdienste bestellte Lufthansa von Rohrbach drei Romar-Flugboote. Dies ist wohl das erste dieser Flugboote, D-1693, mit drei 500-PS-BMW-Motoren, die Druckpropeller antrieben. Die dritte Romar, welche 16 Passagiere befördern konnte, hatte sogar 750 PS starke Motoren. Diese Flugboote erwiesen sich allerdings als wenig geeignet für Langstreckenflüge. Ab 1929 wurden sie für Flüge ins Baltikum eingesetzt, bevor man sie 1933 aus dem Verkehr zog.

Mit vier 450-PS-Napier-Lion-Motoren war der Dornier Super Wal D-1337 „Pottwal" eines von sechs Flugbooten dieses Typs, die von Lufthansa ab 1928 auf den Routen Lübeck – Kopenhagen – Göteborg – Oslo und Berlin – Stettin – Stockholm eingesetzt wurden. Ersatzteile für Motoren müssen ein Problem gewesen sein, denn die sechs Fluzeuge waren mit vier verschiedenen Typen ausgestattet. Bis zu elf Passagiere konnten befördert werden.

Die Messerschmitt M 20 wurde aus der kleineren M 18 entwickelt. Sie flog zum ersten Mal im Februar 1928. Lufthansa kaufte 14 Maschinen für ihre europäischen Routen und stellte sie 1929 in Dienst. Dieses Bild zeigt das fünfte Flugzeug, D-2005 „Oderwald", welches später als D-UNAH registriert wurde und im Jahre 1936 in Deutschland abstürzte.

Die zehnte Messerschmitt M 20 war D-2290 „Fläming". Dieser Typ faßte zehn Passagiere und zwei Crewmitglieder. Erwähnenswert ist die 25,5 Meter lange und unverspreizte Tragfläche. Ursprünglich wurde die M 20 mit einem 500-PS-BMW-Motor ausgestattet. Einige M 20 erhielten später 640 PS starke BMW-Motoren. Wie D-2005 wurde auch die abgebildete Maschine als D-UXYN neu registriert, bevor sie 1937 in Deutschland abstürzte.

Ju-46-Wasserflugzeuge wurden zuvor schon erwähnt. Lufthansa hatte auch zwei Landflugzeuge dieses Typs als Frachtmaschinen in Betieb. Die zweite von ihnen war D-2491 „Sirius“ mit einem verdeckten BMW-132-Motor, welcher 650 PS leistete. Dieser Typ flog bis 1939.

Ab 1932 setzte Lufthansa Ju 46 für die Küstenrouten im Norden Deutschlands und der Ostsee ein. Dieser Typ konnte leicht von einem Land- in ein Wasserflugzeug umgebaut werden, wie man bei der D-2491 „Bremen“ erkennen kann. Die „Bremen“ wurde nach 1934 umgebaut und als D-OBRA neu registriert.

Passagiere reisten auf den Küstenrouten ziemlich bequem: Es gab nur kleine Landungsbrücken, und die Betreuung war sehr persönlich. Zwischen den beiden Registrierungen D-2491 und D-OBRA trug die „Bremen“ eine zeitlang das Kennzeichen D-UHYL.

Schon 1928 erkannte Lufthansa das Potential für Frachtflüge und entwickelte schnell ein Netz für den Frachttransport. Hier wird die Junkers-W 33 D-1695 „Balkan“ von einem Lastwagen aus beladen. Im Januar 1933 kam dieses Flugzeug zu Eurasia. Es wurde bei Shanghai bei einem japanischen Bombenangriff zerstört.

Auf dem schneebedeckten Flugfeld sieht die Junkers-W 34 D-2394 „Castor“ nagelneu aus. Die Maschine war eine von mindestens acht diesen Typs bei Lufthansa; später erhielt die „Castor“ das Kennzeichen D-OJOH. Mehr als 70 W 34 wurden mit verschiedenen Motoren gebaut und vom Winter 1932/33 an als Frachtflugzeuge genutzt.

Die Junkers-G 23, im Jahre 1924 geflogen, war der erste dreimotorige Eindecker komplett aus Metall, welcher im Linienflugverkehr eingesetzt wurde. Auf die G 23 folgte die schwerere und leistungsstärkere G 24. Man sieht hier die Kabine einer G 24, die hinten sogar eine kleine Toilette hatte.

Obwohl Lufthansa keine Junkers-G 23 einsetzte, kaufte man ab 1926 ungefähr 26 G 24 für internationale Routen. Eine wurde für Flüge nach Südamerika genutzt. D 901 „Tyr“ und D 903 „Hera“ flogen im August 1926 zu Beobachtungsflügen von Berlin über Moskau und Irkutsk nach Peking, um die Möglichkeit einer Route über Sibirien zu erkunden. Hier werden die beiden Maschinen bei ihrer Ankunft in Berlin-Tempelhof am 29. September 1926 begrüßt.

Eine interessante Aufnahme der G 24 D 901 von Lufthansa; zu dieser Zeit war das Flugzeug schon in „Ostmark“ umbenannt. Es gab mehr als 20 Varianten dieses Typs, wovon die meisten mit 280 oder 310 PS starken Junkers-L5-Motoren ausgestattet waren. Diese G 24 wurde im November 1933 zerstört.

Das einfache Cockpit der G 24 war ausgelegt für zwei Piloten. Die wichtigsten Instrumente befinden sich auf der Mittelkonsole. Der Komfort im Cockpit war minimal, und da es weder eine Schalldämpfung noch eine Innenverkleidung gab, konnte man die gewellte Außenhülle sehen.

Am 1. Mai 1926 startete Lufthansa mit einer G 24 den Nachtflugdienst zwischen Berlin und Königsberg. Hier sieht man die Maschine kurz vor dem Abflug – die äußeren Motoren laufen schon, während der Mittelpropeller noch steht. Das merkwürdig angebrachte Abgasrohr kann man über dem Dach der Kabinentür erkennen.

Ein Zubringerbus holte die Passagiere der G 24 D 1019 „Rotterdam“ in Berlin-Tempelhof ab, um sie direkt in die Stadt zu bringen. Obwohl an Bord dieses Flugzeuges nur Platz für neun Passagiere ist, waren hier offensichtlich zehn und ein halber unterwegs... Diese G 24 war ursprünglich als H-NADB und dann als S-AAAK registriert, bevor Lufthansa sie kaufte.

Junkers baute elf G 24 zu einmotorigen F 24 um, indem man die mittleren Bereiche der Tragflächen herausnahm und so die Spannweite um vier Meter verringerte. Neun G 24 wurden für Lufthansa umgebaut. Hier sieht man die oben bereits abgebildete D-1019 (jetzt mit einem Bindestrich) nach dem Umbau. Sie hatte einen 520 PS starken Junkers-Jumo-4-Diesel-Motor und konnten immer noch neun Passagiere transportieren. Im April 1934 wurde sie außer Dienst gestellt.

Eine weitere von einer G 24 zu einer F 24 umgebaute Maschine war die D 1020 „Essen“, welche hier auf dem Flughafen Essen-Mühlheim steht. Im Hintergrund ist eine Junkers-G 38 beim Landeanflug zu erkennen. Die „Essen“ hatte ganz zu Anfang drei Junkers-L-Motoren und wurde später mit verschiedenen BMW-Motoren ausgestattet – zum Schluß mit einem Jumo 4. 1934 erhielt die „Essen“ das Kennzeichen D-URIS.

Die G 24 D 950 „Persephone“ wurde von Lufthansa an das Syndikato Condor in Brasilien verkauft, in P-BAHA „Potyguar“ umbenannt und zu einem Wasserflugzeug umgebaut. Auf diesem Foto sehen die Startbedingungen nicht gerade perfekt aus!

Die G 31 war größer und schwerer als ihre Vorgängerin G 24. Lufthansa kaufte sieben Flugzeuge dieses Typs. Das erste, D 1310, ist hier in Croydon zu sehen. Man beachte das lange Abgasrohr für den mittleren Gnome-Rhône-Jupiter-Motor. Dieses Flugzeug wurde später als D-ADIN neu registriert.

Die G 31 D 1310 in Croydon auf hellerleuchtetem Flugfeld. Sie wurde „Hermann Köhl", später „H.Köhl" und „Deutschland" benannt. Unterhalb der Tragflächenspitze sind zwei Leuchtfeuer zu erkennen, die für Nachtflüge benutzt wurden. Normalerweise konnten G 31 15 Passagiere befördern, aber D 1310 hatte nur elf Sitze, dafür jedoch eine verlängerte Reichweite.

Die erste in Serie produzierte Junkers G 31 war D 1137, die hier am Flughafen Zürich-Dubendorf zu sehen ist. Obwohl diese Maschine nicht im Dienste der Lufthansa stand (die erste G 31 der Lufthansa, D 1310, war die zweite Serienmaschine) ist dieses Fote dennoch intersessant, da es das offene Cockpit zeigt, mit welchem einige G 31 ausgestattet waren.

Lufthansa war sehr bemüht, Möglichkeiten zum Enteisen der Maschinen zu entwickeln, damit man auch bei extremen Wetterverhältnissen fliegen konnte. In den frühen Tagen der Luftfahrt jedoch mußte man improvisieren: Ein Mann mit einem Besen befreit hier die G 31 D-1523 „Nordmark" in Croydon von Eis und Schnee.

Mit der Einführung der G 31 im Mai 1928 wurde Lufthansa die erste Fluglinie, welche Essen und Getränke während des Fluges servierte. Die Kabine mit den Ablagenetzen für Handgepäck erinnerte etwas an ein Zugabteil, aber die Verpflegung an Bord war eine willkommene Innovation.

Die U 11 Kondor D 828 war eine Sonderanfertigung der Udet-Flugzeugbau in München-Rangsdorf. Vier 100 PS starke Sh-12-Motoren von Siemens & Halske trieben die Druckschraubenpropeller an. Die Passagierkabine hatte acht Sitze. Die drei Besatzungsmitglieder saßen in einem offenen Cockpit. Die Kondor war von 1926 bis 1928 in Besitz der Lufthansa, aber wie stark die Auslastung war, ist nicht bekannt. 1931 wurde sie verschrottet.

Das bis dahin größte Flugzeug von Junkers, die G 38 D-2000, absolvierte am 6. November 1929 einen Testflug über Dessau. Nach einer Reihe von Modifikationen wurde die Maschine im Juni 1930 an Lufthansa geliefert. Ein zweites Flugzeug dieses Typs, D-2500, folgte im September 1931. Hier fliegt D-2500 über die Außenalster in Hamburg, am linken Bildrand ist eine Dornier Do X D-1929 zu erkennen: Ein interessanter Blick auf die zwei größten Flugzeuge dieser Zeit.

Die G 38 hatte eine Spannweite von mehr als 44 Metern und eine Länge von 23 Metern. Man sieht hier deutlich die jeweils doppelten Räder des Fahrgestells und die breiten Landeklappen. 1932 wurde D-2500 mit vier 800-PS-Motoren vom Typ Junkers L 88as aufgerüstet.

Am 23. April 1933 erhielt die zweite G 38 in Berlin-Tempelhof den Namen „Generalfeldmarschall von Hindenburg". Weil der Name so lang war, mußte der Lufthansa-Schriftzug weiter nach hinten unter die Tragfläche versetzt werden! Die Kabinen in den Tragflächen ermöglichten eine fantastische Sicht nach vorn, allerdings nicht zur Seite; es muß auch sehr laut gewesen sein. Hier sieht man die D-2500 auf dem Flughafen Halle-Leipzig, wahrscheinlich während einer Vorführung.

Die große G 38 hatte ein bemerkenswert spartanisches und primitives Cockpit. Wie schon bei früheren Junkers-Modellen gab es auch hier keine Verkleidung der gewellten Konstruktion.

D-2000 wurde später als D-AZUR registriert und trug nun den Namen „Deutschland". Die Propeller scheinen keine Aufsatzkappen zu haben, und an der Tragfläche ist offenbar eine Testkonstruktion angebracht. Zu dieser Zeit befand sich auf einer Seite des Seitenruders das Hakenkreuz, während die andere Seite mit roten und weißen Streifen gestrichen war. Die G 38 verunglückte im Jahre 1936 beim Start in Dessau.

Die G 38 hatte eine Geschwindigkeit von 180 km/h und eine Reichweite von 2.000 Kilometern. In den vier Kabinen in Rumpf und Tragflächen konnten 34 Personen befördert werden. Auch die Sitze in den Kabinen waren zum Vergleich mit anderen Flugzeugen dieser Zeit sehr spartanisch. Es gab aber immerhin schon Sicherheitsgurte.

1934 mit dem neuen Kennzeichen D-APIS versehen, teilt sich D-2500 das Flugfeld, vermutlich in Berlin-Tempelhof, mit einer Ju 52/3ms von Lufthansa und einer Ju 86, während die Heinkel He 111 D-AXAV über sie hinwegfliegt. In diesem Jahr wurden die L-88as-Motoren durch 750-PS-Junkers-Jumo-Diesel-Motoren ersetzt. Man beachte das große Heckrad.

Bald hatte D-APIS auf beiden Seiten der Seitenruder Hakenkreuze, wie auf diesem Foto, welches in Croydon entstand, zu sehen ist. Nur diese G 38 wurde in den regulären Flugverkehr der Lufthansa eingebunden. Sie nahm an der Eröffnung des Flughafens Stockholm-Bromma am 23. Mai 1936 teil. Während des Krieges diente die Maschine mit dem Kennzeichen GF+GG der Luftwaffe als Truppentransporter. Bei Athen wurde sie von der Royal Air Force zerstört.

Die aus der einmotorigen Junkers-Ju 52 entwickelte dreimotorige Ju-52/3m bildete das Rückgrat der Lufthansaflotte ab 1933. Die ersten beiden Ju 52/3m, D-2201 „Boelcke“ und D-2202 „Richthofen“, wurden im Mai und September 1932 geliefert. Dieser Typ flog ab Sommer 1933 zwischen Berlin und London über Hannover und Amsterdam sowie von Berlin nach Rom über München und Venedig. Die dritte Ju 52/3m von Lufthansa und das siebente serienmäßig hergestellte Flugzeug dieses Typs war D-2468, die 1934 das Kennzeichen D-AFIR erhielt.

Die Ju 52/3m D-3049 „Heinrich Gontermann“ in Berlin-Tempelhof, wahrscheinlich 1933. Im folgenden Jahr wurde das Kennzeichen in D-ALAS geändert. Lufthansa hatte in den Jahren 1939 bis 1945 mehr als 230 Maschinen dieses Typs im Einsatz, deren Fahrwerke oft verkleidet waren, wie auch hier zu sehen ist. Die Ju 52/3m hatte Platz für 17 Passagiere und eine Reisegeschwindigkeit von 250 km/h bei einer Reichweite von 900 Kilometern.

Der Flughafen Paris-Le Bourget im Mai 1939. In der Nähe des Terminals werden Luftschutzkeller gebaut. Auf dem Flugfeld steht die D.H. Albatros G-AFDK von Imperial Airways, die DC-2 PH-AKP von KLM und die Ju 52/3m D-ARAM „Werner Voss" von Lufthansa, welche vorher das Kennzeichen D-3131 getragen hatte. Es sollte 16 Jahre dauern, bis britische, holländische und deutsche Passagierflugzeuge wieder zusammentrafen.

Lufthansas Engagement bei Syndicato Condor in Brasilien führten dazu, daß die südamerikanische Fluglinie 21 Ju 52/3m einsetzte – zum Teil als Wasserflugzeuge, wie PP-CBB „Tupan". Die Maschine wird auf einem Schwimmdock im Hafen von Buenos Aires gewartet.

Die Ju 52/3m D-ASIS „Wilhelm Cuno“ auf dem Flughafen von Croydon, Mitte der dreißiger Jahre. Während frühere Versionen mit 525 oder 600 PS starken Hornet-Motoren von BMW ausgestattet waren, wurden spätere Modelle mit verschiedenen Motoren bestückt, wie dem Bristol Pegasus und Pratt & Whitney Hornet und Wasp. Mit 830 PS war der 132T von BMW am stärksten.

Das Landflugzeug Ha 142 basierte auf der Ha 139 (siehe S. 50/51). Die Ha 142 sollte für Posttransporte über den Atlantik eingesetzt werden. Vier Flugzeuge dieses Typs wurden für Lufthansa gebaut. D-AHFB, das Kennzeichen des Prototyps, deutet auf den früheren Namen des Herstellers hin: Hamburger Flugzeugbau. D-AHFB flog das erste Mal am 11. Oktober 1938. Später erhielt das Flugzeug das Kennzeichen D-ABUV, welche den neuen Namen des Herstellers erkennen ließ – Blohm und Voss. Die Typenbezeichnung änderte sich in Bv 142.

Hier sieht man die Bv 142 D-ABUV „Kastor“ in den Farben von Lufthansa. Die „Kastor“ führte einige Erkundungsflüge durch, aber die Transatlantikpläne konnten nicht verwirklicht werden, so daß die Maschine an Blohm & Voss zurückgegeben wurde. Sie wurde umgebaut und für militärische Aufklärungsflüge genutzt. Drei weitere Prototypen wurden der Luftwaffe übergeben.

Die Motoren der Bv 142 D-ABUV werden überprüft. Das Flugzeug war mit vier BMW-132H-Motoren ausgestattet, welche jeweils 880 PS leisteten. Die Fahrwerke hatten doppelte Räder. Man beachte die ungewöhnliche Anbringung des Leitwerks am Heck.

1932 wich Junkers mit der Ju 60, die nach Meinung des zuständigen Ingenieurs etwas zu hastig entwickelt worden war, von der gewellten Außenhüllenkonstruktion ab. Nach 75 Testflügen mit mehr als 37 Flugstunden wurde das Flugzeug der Lufthansa als D-4200 „Pfeil" übergeben, das spätere Kennzeichen war D-UPAL. Der Typ war vom Reichsverkehrsministerium bestellt worden, nicht von der Fluglinie.

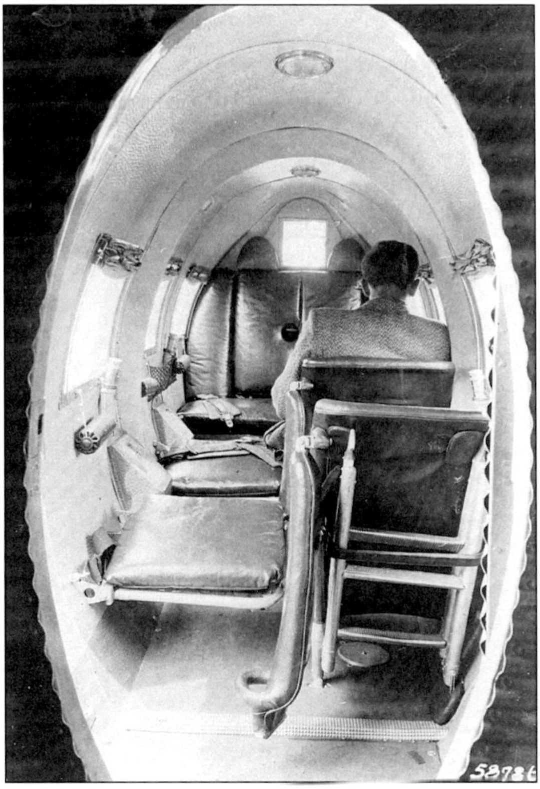

Im Inneren der Maschine war Platz für sechs Passagiere, die einige Schwierigkeiten gehabt haben dürften, bequem zu sitzen. Die Kamera blickt hier von der Cockpitrückwand in Richtung Heck.

Die Ju 60 war mit einem 600-PS-BMW-Hornet-Motor ausgestattet. Im Cockpit war Platz für zwei Crewmitglieder, welche hintereinander saßen. Das Fahrwerk konnte teilweise eingefahren werden. Vermutlich nutzte Lufthansa diesen Typ 1933 für Frachttransporte zwischen Athen und Berlin, während er 1934 als Passagierflugzeug zwischen Breslau und Berlin eingesetzt wurde. Später kamen noch andere Routen hinzu.

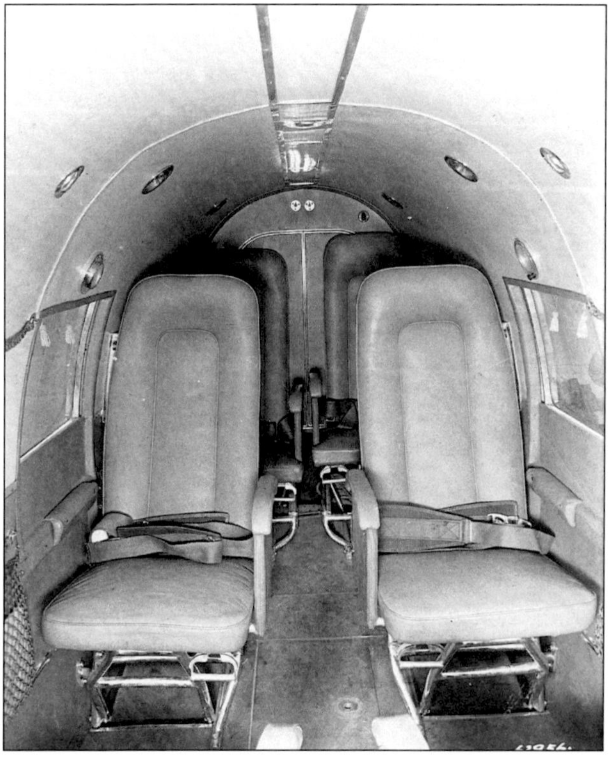

Das Nachfolgemodell der Ju 60, die Ju 160, hatte einen 660 PS starken BMW-132E-Motor und eine größere Kabine. Dieses Bild ist von den beiden vorderen Sitzen aufgenommen, die mit der Sitzfläche nach hinten zeigen.

Der Motor einer Ju 160 wird gewartet, vermutlich handelt es sich um die D-UJYM „Nerz“. Im Hintergrund ist die Heinkel He 70 D-UMIM „Albatros“ zu erkennen. Die Motorabdekkung der JU 160 konnte nach oben geöffnet werden und ermöglichte so den einfachen Zugriff. Die Reisegeschwindigkeit der JU 160 betrug 310 km/h.

Die Lufthansa Ju 160 D-UMEX „Panther“ wird betankt, und ein Mechaniker zieht die Schrauben nach. Die Antennen konnten bei diesem Typ offenbar auf unterschiedliche Weise angebracht werden – bei einigen Maschinen befanden sie sich vor dem Cockpit, und die „Panther“ scheint gar keine zu haben.

Anders als das Flugzeug auf dem vorherigen Bild hat die Ju 160 D-UVOX „Rotfuchs“ eine Antenne vor dem Cockpit. Das versenkbare Fahrwerk ist viel ausgefeilter als bei der Ju 60, und das Heckrad ersetzt die Gleitkufe der Ju 60. Im Hintergrund die Lufthansa-Maschinen He 70 D-UJUZ „Bussard“, Junkers F24 D-UDOP „Bayern“, sowie eine Ju 52/3m.

Die Ju 160 D-UVOX „Rotfuchs“ und die D-UMEX „Panther“ zusammen mit der Ju F 24 D-UMU „Östereich“. Die „Österreich“ war ursprünglich eine dreimotorige G 24 mit dem Kennzeichen D 1016, bevor sie zusammen mit acht weiteren Maschinen für Lufthansa zu einer F 24 umgebaut wurde. Im Hintergrund sieht man beim Landeanflug die Ju 52/3m I-BEZI von Ala Littoria.

Die Ju 160 hatte Tragflächen, die beim Ansatz an den Rumpf nach unten abgebogen waren. Die D-UGAZ „Iltis“ wartet hier auf Passagiere und Besatzung. Die Kabinentür und das Cockpit sind offen. Oben rechts ist eine weitere von den neun F 24 der Lufthansa zu erkennen: D-URIS, die frühere G 24 D 1020.

Ju 160 D-ULIK „Gepard“, Ju 86 D-AREV „Brocken“, Ju 52/3m D-AFYS „Gustav Doerr“ und ein weiteres Flugzeug auf dem Flugfeld von Berlin-Tempelhof. Im Hangar ist eine Junkers G 24 zu erkennen. Ab 1935 hatte Lufthansa 21 Ju 160 in Betrieb, von denen 16 noch bis zu Beginn des Krieges eingesetzt waren.

Lufthansa beauftragte Heinkel im Jahre 1932, ein schnelles Flugzeug für vier Passagiere zu entwickeln. Vorbild war die Lockheed Orion, die Swissair bestellt hatte. Heinkels Angebot war die He 70, welche zum ersten Mal am 1. Dezember 1932 flog. Lufthansa erhielt dann das zweite gebaute Flugzeug, auf welches die hier zu sehende Maschine folgte, die D-3114 „Sperber", später D-UBAF.

Die He 70 war ein sehr stromlinienförmiges Flugzeug mit vollständig versenkbarem Fahrwerk. Sie verfügte über einen 630 PS starken BMW-IV-Motor. Die durchdachte Motorabdeckung und das einfach konstruierte Fahrwerk mit Räderabdeckungen ist hier bei der D-UDAS „Habicht" auf dem Flugfeld von Croydon gut zu erkennen.

Die Passagierkabine der He 70 hatte vier sich gegenüberliegende Sitze. Die Türen für Passagiere und Crew lagen auf der Steuerbordseite. Hier ist wieder die D-UDAS „Habicht“ zu sehen. Im Frühjahr 1933 stellte die zweite He 70 acht Geschwindigkeitsrekorde auf und erreichte fast 350 km/h. Sie galt als das schnellste Passagierflugzeug in Europa.

Das Cockpit dieses He 70-Prototyps war leicht nach links versetzt. Die He 70 A und B wiesen ebenfalls diese Asymmetrie auf, während die Pilotenkabine bei anderen Modellen mittig angelegt war. Der Funker saß unten rechts vom Piloten.

Bei der D-UMIM „Albatros" von Lufthansa kann man das klare Design der He 70 deutlich erkennen. Ab dem 15. Juni 1934 setzte die Fluglinie die D-UDAS „Habicht" auf den sogenannten Blitzrouten von Berlin nach Hamburg, Köln und Frankfurt ein. Insgesamt flogen 14 Flugzeuge auf diesen Strecken; 1938 wurden alle aus dem Betrieb genommen.

Die He 70 D-UPYF „Adler" vor dem Terminal des Flughafens Essen-Mühlheim. In der Luft eine Ju 52/3m. Drei der He 70 gingen verloren: D-AHUX stürzte am 3. November 1934 in der Nähe von Carcassonne in Frankreich ab, D-UXUV verunglückte beim Start in Stuttgart am 20. Mai 1937 (drei Todesopfer), und eine nicht identifizierte Maschine verunglückte in der Nähe von Wiesbaden am 25. April 1935.

Die sowohl als Passagierflugzeug als auch als Bomber entwickelte Ju 86 war für Dieselmotoren ausgelegt. Lufthansa hatte 16 Flugzeuge dieses Typs im Einsatz, die meisten mit 600-PS-Jumo-205C-Dieselmotoren. Einige erhielten später eine andere Motorisierung. Das vierte Flugzeug dieses Typs war D-AREV „Brocken", die man hier um 1936 auf dem Flugfeld in Berlin-Tempelhof sieht. Außerdem sind zu erkennen: sechs Ju 52/3m, zwei F 24, je eine W 33, W 34, F 13, Ju 160 und eine He 70. Offenbar sind die Hakenkreuze an den Leitwerken wegretouchiert worden!

Die recht komfortable Kabine der Ju 86 hatte Platz für zehn Passagiere und zwei Besatzungsmitglieder. Die Sitze waren leicht nach innen gedreht, damit man mehr Platz hatte, denn die Kabine maß in der Breite nur 1,45 Meter.

Zwei Ju 86, D-AQER „Inselberg“ und D-AKOI „Kaiserstuhl“, stehen vor der Wartungshalle der Lufthansa in Hamburg. Auch dieses Foto ist offensichtlich retouchiert worden, da auf dem Leitwerk keine Halenkreuze zu sehen sind.

Hier dieselbe Szene aus einer anderen Perspektive. Der Steuerbord-Motor der „Inselberg“ wird gewartet. Im Hintergrund – hier mit Hakenkreuz – steht die Ju 160 D-UBIQ „Silberfuchs“. Einige Ju 86 wurden für Frachttransporte genutzt, 1940 war aber nur noch eine dieser Maschinen im Dienst.

Nach dem Erfolg mit der Heinkel He 70 ließ Lufthansa ein größeres Flugzeug bauen: die He 111. Das Design war an das Vorgängermodell angelehnt und erweckte die Aufmerksamkeit des Reichsluftfahrtministeriums, welches He 111-Bomber bestellte. Der Prototyp des Transportflugzeuges flog Anfang 1935 als D-ALIX „Rostock" und wurde dann an Lufthansa ausgeliefert. Auf dieser Aufnahme, die in Tempelhof entstand, wurden wieder die Hakenkreuze an den Leitwerken der „Rostock" und der D-AXAV wegretouchiert. D-ALIX verunglückte in der Nähe von Bathurst in Gambia am 12. März 1937, es gab vier Opfer.

Die He 111 D-ABYE „Königsberg", hier wieder in Berlin-Tempelhof, war eines der ersten Flugzeuge dieses Typs im Dienst von Lufthansa. Sie hatte mit zwei 750-PS-BMW-VI-Motoren und erreichte eine Reisegeschwindigkeit von ca. 300 km/h. Lufthansa setzte die He 111 ab 1936 auf einigen Inlandexpressrouten ein.

Während der Prototyp der He 111 eine Nase aus Glas hatte, mit der dann auch die Bomber ausgestattet wurden, konnte die Nase der Passagierflugzeuge aufgeklappt werden. Wo sich im Bomber der Bordschütze befand, wurde in Passagierflugzeugen Post untergebracht. Hier werden Postsäcke von einem BMW-Lastwagen in das Flugzeug geladen.

Obwohl die He 111 der Lufthansa zehn Passagiere in zwei Kabinen sehr schnell befördern konnte, erwies sich dieser Typ als nicht ökonomisch. Lufthansa hatte bis 1939 nur zwölf dieser Flugzeuge im Einsatz. Vor Kriegsausbruch wurden D-ALIX und D-AHAO mit Kameras ausgestattet und über England, Frankreich und Rußland zur Spionage eingesetzt. Offiziell behauptete man, es ginge um die Erkundung von Flugrouten.

Obwohl die He 116 aussah wie eine viermotorige Version der He 111, fiel sie dennoch etwas kleiner aus. Die He 116 sollte Post über den Südatlantik und in den Nahen Osten bringen. Sie hatte eine Reichweite von fast 4.500 Kilometern. Der Prototyp D-AJIE „Schlesien“ wurde nicht im regulären Flugverkehr eingesetzt. Lufthansa hatte zwei weitere Flugzeuge dieses Typs, D-ATIO „Hamburg“ und D-ARFD „Rostock“, beide mit 240 PS starken HM-508-Motoren der Firma Hirth. Die „Hamburg“ verunglückte in der Nähe der Insel Langeoog am 27. Mai 1938, es gab drei Opfer.

Auf Grundlage des Ju 89-Bombers entwickelte Junkers das Passagierflugzeug Ju 90 mit vier DB-600-Motoren von Daimler-Benz, die jeweils 1.100 PS leisteten. Der Prototyp D-AALU flog zum ersten Mal am 7. Juni 1937. Die zweite Maschine, D-AIVI „Preußen“ hatte 830-PS-BMW-132-H-Motoren, die auch in den weiteren Flugzeugen eingebaut wurden. Die „Preußen“ verunglückte beim Start in Bathurst, Gambia, am 26. November 1938, es gab 16 Opfer.

Die „Preußen" kurz vor einem Nachtstart. An der Nase ist ein Landescheinwerfer angebracht. Ein Militärflugzeug vom Typ Ju 86 im Hintergrund deutet darauf hin, daß dieses Foto wohl auf dem Flugfeld des Herstellers in Dessau entstanden ist.

Die dritte Ju 90 war die D-AURE „Bayern". Ab 1938 wurde sie auf der Route Berlin – Wien eingesetzt. Die Motoren laufen zwar schon, aber Kabinentür und Cockpitfenster stehen noch offen. Die „Bayern" wurde vermutlich während eines Luftangriffes auf Stuttgart am 5. September 1944 zerstört, als amerikanische B-17-Bomber Ziele angriffen, zu denen offenbar auch ein Flugzeugmotorenwerk gehörte.

Die „Bayern“ im Tiefflug, vermutlich zu Demonstrationszwecken für die Presse. Der schlanke Rumpf der Ju 90 und die Landeklappen über die volle Spannweite sind hier sehr gut sichtbar. Das Hakenkreuz ist offensichtlich retouchiert worden – vermutlich direkt nach dem Krieg.

Die komfortable Passagierkabine der Ju 90 hatte Platz für bis zu 40 Personen. Die Fenster waren paarweise angeordnet. Es gab zwei Toiletten, Garderobenräume und Lager für Gepäck und Post. Handgepäck wurde in Ablagen aus einer leichten Stahlkonstruktion über den Sitzen untergebracht. Flugbegleiter sorgten für den Service.

Die BMW-Motoren der Ju 90 konnten ausgewechselt werden, ohne daß man die Propeller abgenehmen mußte. Im Hintergrund ist das Siemenswerk zu erkennen.

Das Cockpit der Ju 90 sah sehr funktional aus. Ein Markenzeichen von Junkers war die gewellte Metallstütze hinter dem Sitz des Piloten. Die Sicht war gut, und die Besatzung bestand aus vier oder fünf Personen – einen zweiten Sitz sieht man hinter dem Platz des Copiloten. Lufthansa setzte elf Ju 90 ein, von denen mehrere bei Ausbruch des Krieges der Luftwaffe übergeben wurden.

Damit Lufthansa auf den europäischen Routen konkurrieren konnte, kaufte man 1934 zwei Boeing 247 mit versenkbarem Fahrwerk: D-AGAR und D-AKIN, welche mit den amerikanischen Kennzeichen NC90Y und NC91Y getestet worden waren. Sie hatten Passagierkabinen mit zehn Plätzen und eine dreiköpfige Crew. Die Wasp-Motoren von Pratt & Witney leisteten 550 PS.

Gepäck- und Frachträume waren bei der Boeing 247 getrennt. Das hintere Abteil hatte eine Kapazität von 1,82 Kubikmetern, während das Abteil in der Spitze des Rumpfes 1,68 Kubikmeter groß war. Die große Kabine mit einer Toilette und einer Garderobe war gut sechs Meter lang und 1,80 Meter hoch.

Eine Lufthansa-Boeing 247, vermutlich auf dem Flugfeld vom Flughafen Amsterdam-Schiphol. Mit einer Reisegeschwindigkeit von 250 km/h fand dieser Typ in den USA schnell Verbreitung, aber Lufthansa war die einzige Fluglinie in Europa, die zwei Maschinen dieses Typs im Einsatz hatte. Ein drittes Flugzeug wurde nie ausgeliefert. Beide Boeing 247 der Lufthansa gingen verloren: D-AGAR wurde am 24. Mai 1935 auf dem Nürnberger Flughafen von einer Maschine der Air France gerammt, und D-AKIN stürzte am 13. August 1937 bei Hannover ab.

Das Cockpit einer Boeing 247. Fluginstrumente, die von beiden Piloten benutzt werden, befinden sich in der Mitte, während die Anzeigen des Treibstoffsystems vor dem Co-Piloten am rechten Sitz angebracht sind. Damals konnte man nicht vorhersehen, daß Lufthansa ab 1960 noch zahlreiche Boeing-Flugzeuge kaufen würde.

Eine Anzahl von tschechischen Douglas DC-3 wurden während des Krieges beschlagnahmt und von Lufthansa eingesetzt. D-AAIG war vorher als OK-AIG registriert gewesen. Das Flugzeug trägt den Lufthansa-Schriftzug an der Nase. Die Maschine verunglückte bei Frederikstad in Norwegen am 21. April 1944.

Die Kabine einer DC-3 aus den vierziger Jahren: Wenn die Ausstattung der tschechischen Flugzeuge auch etwas anders gewesen sein könnte, bekommt man einen guten Eindruck vom damaligen Komfort.

Die Douglas DC-2 PH-AKT „Tockan“ der KLM wurde von der Luftwaffe im Mai 1940 erbeutet. Sie erhielt das Kennzeichen NA+LA und wurde als persönliches Flugzeug von General Friedrich Christiansen, dem Kommandeur der Wehrmacht in den Niederlanden, eingesetzt. Wenig später wurde es an Lufthansa übergeben und als D-AIAV registriert, aber am 9. August 1940 in Lammershagen außer Dienst gestellt.

Lufthansa erwarb vor dem Krieg eine Anzahl von DC-2, welche von Fokker montiert worden waren. Die D-ABEQ „Taunus“, früher PH-AKF, wurde 1935 ausgeliefert. Sie wurde an die polnische Fluglinie LOT verkauft und erhielt das Kennzeichen SP-ASJ. Bei einem Unfall im bulgarischen Rhodope-Gebirge wurde sie am 25. November 1937 zerstört.

4.
Pilotenausbildung

Über das Pilotentraining der Lufthansa zwischen den Kriegen gibt es nur wenige Veröffentlichungen. Offenbar haben die meisten Piloten zivile Flugschulen besucht, die von dem Deutschen Luftfahrtverband, gegründet 1902, geführt wurden. Am 25. März 1933 gründete die neue deutsche Regierung den Deutschen Luftsportverband (DLV). Zu diesem Zeitpunkt wurde der Schleier über der bis dahin geheimen Militärluftfahrt gelüftet, so daß zivile und Militärpiloten wahrscheinlich zusammen auf verschiedensten Flugzeugtypen an den Flugschulen trainiert wurden.

Lufthansa baute eine Verkehrsflugschule in Berlin-Staaken auf. Man nahm später an, daß viele Nachtrouten nur deshalb bestanden, damit Militärpiloten insgeheim besser ausgebildet werden konnten. Bei einigen der Passagierflugzeuge, wie der Ju 86 und der He 111, handelte es sich eigentlich um nur leicht getarnte Bomber.

Eine Übereinkunft mit Lufthansa führte 1934 zur Gründung der „Verkehrsinspektion der Deutschen Lufthansa AG" in Berlin und Tutow, mit Hauptsitz in Tempelhof. In den fünf militärischen Staffeln wurden zivil registrierte Flügzeuge eingesetzt, so eine Ju W 33 und fünf Ju 53/m.

Die Schulungen nach dem Krieg sahen ganz anders aus. Im September 1953 wurde in Köln eine Flugschule gegründet, in der zehn Instrukteure theoretischen Unterricht erteilten. Praktische Auffrischungslehrgänge wurden von Air Service Training im englischen Hamble, in der Nähe von Southampton, angeboten. Dann wurden die Piloten in die USA geschickt, um dort bei den jeweiligen Herstellern auf Convair 340 und Super Constellation zu fliegen. Ab Winter 1954/55 begann Lufthansa mit einem eigenen Grundlehrgang in Hamburg. Hier kamen Saab Safirs zum Einsatz. Piloten, die schon viele tausend Flugstunden bei der Luftwaffe absolviert hatten, nahmen an dieser Schulung teil, die von Engländern geleitet wurde. Erst am 5. Mai 1955 erhielt die Bundesrepublik die Souveränität über ihren Luftraum. Im Mai 1956 zog die Verkehrsfliegerschule der Lufthansa nach Bremen, wo sie auch blieb.

Lufthansa-Piloten wurden in den dreißiger Jahren an zivilen Flugschulen ausgebildet und flogen verschiedenste Typen von Flugzeugen – typisch war die Bücker Jungmann, welche zum ersten Mal im April 1934 flog. Ursprünglich war dieser Typ mit 80 PS starken HM-60R-Motoren von Hirth ausgestatttet, aber später wurde er mit 105-PS-HM-504-Motoren aufgerüstet. Dieser Flugzeugtyp wurde nicht nur in Deutschland, sondern (als Lizenz) auch in anderen Ländern in großer Zahl produziert. Noch heute fliegen viele Bücker Jungmann.

Ein weiteres wichtiges Trainingsobjekt in den dreißiger Jahren, an dem sich viele Lufthansa-Piloten die Zähne ausbissen, war die Focke-Wulf Stieglitz mit einem 150 PS starken SH-14-A-Motor von Siemens. Viele Flugzeuge dieses Typs wurden in Deutschland und Übersee gebaut; einige existieren noch. Die Historische Stiftung der Lufthansa restauriert eine Maschine, die als ZS-WRI in Südafrika erworben werden konnte. Sie erhält das Kennzeichen D-EQAX.

1935 fand der Jungfernflug der Focke-Wulf Weihe statt. Die Weihe hatte sechs Sitze und wurde als Transportflugzeug und als Trainingsmaschine eingesetzt. Ausgestattet war sie mit zwei 240-PS-As-10C-Motoren von Argus. Lufthansa hatte verschiedene Weihen im Einsatz. Diese, D-OVXF „Elbe“, verfügte über HM-508D-Motoren von Hirth.

Diese aufwendig lackierte Weihe wurde für Passagierflüge eingesetzt. Man sieht die praktische Leiter, die zur Tür hinaufgeht, welche auffällig dick ist.

Am 1. Mai 1956, mit der Eröffnung der Flugschule in Bremen, begann Lufthansa den ersten Pilotenlehrgang in Deutschland nach dem Krieg. Das erste Flugzeug war die Saab Safir, von der zwei Maschinen gekauft wurden. Hier wird D-EBAB zusammen mit der anderen Safir in Hamburg gewartet. Im Hintergrund ist die Convair 340 D-ACAD zu erkennen.

Die Flugschule in Bremen verfügte bald über eine Flotte von neun DHC Chipmunks. Außerdem wurde eine dritte Safir gekauft. Lehrgangsteilnehmer werden hier für die Trainingsflüge instruiert. Im Hintergrund sieht man vier Chipmunks.

Im Juni 1963 hatten die Safirs die vollständigen Lufthansa-Farben, wurden dann aber durch Beech Debonair ersetzt. Die Safir auf diesem Foto wurde von De Schelde im niederländischen Dordrecht unter Lizenz von Saab gebaut, wo man Probleme mit der Produktionskapazität hatte. Die holländische Firma baute 120 Flugzeuge diesen Typs. D-EBUC wurde später als PH-RJB verkauft.

Mitte Dezember 1956 wurden für das Instrumentenflugtraining an der Schule in Bremen zwei neue Beech Twin Bonanzas gekauft und von Wichita, Kansas nach Deutschland geflogen. Die erste, D-IDUK, flog der Leiter der Flugschule, Kapitän Walter Blume, zusammen mit Kapitän Schams. Blume und Schams benötigten mehr als 32 Stunden und landeten wegen Nebel in Hannover. Die zweite, D-IGIL, mit den Piloten Kapitän Utter und Sult, brauchte infolge sehr schlechten Wetters über 40 Stunden.

Die Twin Bonanza wurden später durch die Beech King Air ersetzt. D-ILHA war 1981 die erste der neuen Trainingsmaschinen. Im Hintergrund sieht man Boeing 737, 727 und Beech Debonair von Lufthansa auf dem Flugfeld in Bremen. Diese King Air wurde 1999 aus dem Verkehr gezogen.

Da in Europa das Wetter zu wechselhaft und der Flugverkehr zu stark ist, beschloß Lufthansa 1967, mit Pacific Southwest Airlines zusammenzuarbeiten und den größten Teil des Flugtrainings in den USA zu absolvieren. PSA stellte die technische Ausrüstung, Flugzeuge und Lehrer. Zuerst befand sich die Flugschule in San Diego, bevor sie 1970 nach Phoenix, Arizona verlegt wurde. Die Schule verfügt über Beech Bonanzas und Barons.

Die Flugschule in Bremen wurde später für das Training mit zweimotorigen Maschinen mit Piper Senecas und Cheyennes neu ausgestattet. Die Cheyenne III D-IOSB besucht hier den Flughafen Innsbruck zu einem Tag der offenen Tür, direkt daneben stehen SF 260 des italienischen Luftakrobatenteams Alpi Eagles.

5.
Lufthansa nach dem Krieg

Zehn Jahre nach dem Krieg erlangte Deutschland die Souveränität über seinen Luftraum zurück. Erst dann konnte der kommerzielle Luftverkehr wieder aufgenommen werden, zunächst mit der Douglas DC-3.

Zu dieser Zeit konnte die amerikanische Industrie Passagierflugzeuge am schnellsten liefern: Zahlreiche DC 3 und DC 4 standen sofort zur Verfügung, aber neben den DC 3 und einigen gemieteten Vickers Vikings wählte Lufthansa neuere Typen: Convair 340 und Lockheed Super Constellation, welche für die internationalen Routen eingeplant waren.

1960 hatte Lufthansa auch Düsenflugzeuge in Dienst gestellt. Boeing 707 flogen in den Fernen Osten. Dieser Flugzeugtyp war der erste von vielen weiteren 727, 737 und 747, die Lufthansa bei Boeing bestellte. McDonnell Douglas DC-10 wurden ebenfalls gekauft, während die Tochter Condor, zusätzlich zu den erwähnten Typen – außer der 747 – auch noch Boeing 757, 767 und Airbus A3 erwarb.

Zum 50. Geburtstag von Lufthansa im Jahre 1976 erhielt Lufthansa den ersten Airbus A300. Die Flotte wurde nach und nach mit allen Airbustypen (außer dem A330) erweitert. Lufthansa CityLine, früher DLT, verfügt über Avro und Canadair RJ, während Lufthansa Cargo Services, früher German Cargo Services, mit DC-8 und Boeing 707 flog, bevor neue Flugzeuge vom Typ McDonnell Douglas (jetzt Boeing) MD-11 in Dienst genommen wurden.

Am 29. November 1954 kamen die ersten Nachkriegs-Passagierflugzeuge für Lufthansa in Hamburg an, am 1. April 1955 nahm die Fluglinie den Flugbetrieb mit den neuen Maschinen auf. Bis Mitte Mai hatte Lufthansa die traditionellen Routen von Paris nach London wieder eröffnet, und ab 16. Mai begann die Convair D-ACOH mit Linienflügen nach London-Heathrow. Hier sieht man D-ACOH mit verschiedenen BEA DC-3 und einer Ambassador im Hintergrund.

Im Winter 1954/55 übten Piloten der Lufthansa auf DC 3 mit ausländischen Kennzeichen den Instrumentenflug. Im Oktober 1955 besaß Lufthansa drei DC-3 selbst und führte diesen Typ auf Inlandsrouten ein, auf denen er bis 1960 flog. D-CADE konnte 24 Passagiere befördern.

Da es zu wenig Kapazitäten für den Frachttransport gab, leaste Lufthansa Mitte der sechziger Jahre die Curtiss C-46 N9891Z, welche zusammen mit den C-46 der norwegischen Frachtfluglinie Fred Olsen ein häufig gesehener Anblick in Europa wurde.

Lufthansa baute die Nordatlantikrouten zügig aus. Die erste von vier Lockheed Super Constellations wurde April 1955 ausgeliefert. Je nach Innenausstattung konnte die Super Constellation bis zu 86 Passagiere befördern. Sie verfügte über Turbo-Verbundmotoren vom Typ Wright R-3350 mit einer Leistung von 3.250 PS, welche eine Reisegeschwindigkeit von ca. 460 km/h ermöglichten. Dieser Typ wurde bis 1967 eingesetzt. Dies ist L.1049G D-ALAP.

Die Werfthalle der Basis Hamburg wurde 1954 fertiggestellt. Sie bot Platz für zehn zweimotorige und sechs viermotorige Flugzeuge. Auf diesem Bild aus dem Jahre 1956 sind vier Super Constellation, D-ALAP, 'LEC, 'LEM und 'LOF, sowie ganz hinten eine Convair zu erkennen.

Die letzte Weiterentwicklung der Constellation war der L-1649 Starliner, dessen Tragflächen acht Meter länger waren. Der Starliner war mit 3.400 PS-Wright-988TC-Motoren ausgestattet. Bei Lufthansa wurde der Starliner auch Superstar genannt. Er hatte dieselben Kapazitäten wie die L-1049G, der er nachfolgte. Dies ist D-ALOL, Lufthansas vierte und letzte Maschine dieses Typs.

Im Oktober 1959 kam die erste von neun Vickers Viscount 814, D-ANUN, in Hamburg an. Sie sollte auf den europäischen Routen eingesetzt werden. Dieses Flugzeug mit Dart-Trubopropellern von Rolls-Royce sollte ursprünglich den Bestand an Convair ergänzen, jedoch ersetzte es später die Convair ganz. Lufthansa stellte insgesamt elf Viscount in Dienst. 1968 wurden die Viscount durch Boeing 737 ersetzt. Fünf Viscount, einschließlich dieser, verkaufte man an Nora Air Services in Kassel.

Als die erste Boeing 707-430, D-ABOB, im verregneten Hamburg eintraf, trat Lufthansa am 2. März 1960 in das Zeitalter der Düsenflugzeuge ein. Der erste Linienflug führte von dort nach New York über Frankfurt und Gander. Dies war die erste Boeing, die Lufthansa seit den 247 im Jahre 1934 gekauft hatte, und der Anfang einer langen Geschäftsbeziehung mit dem amerikanischen Hersteller.

Anfang 1964 kam die erste Boeing 727 in Hamburg an. Mitte April nahm dieser Typ den Linienflugverkehr auf den Routen in Europa und in den Nahen Osten auf. Diese sogenannten Europa-Jets wuren nach deutschen Städten benannt. Hier sieht man die D-ABIN „Münster", die auf Passagiere wartet, im Vordergrund das Leitwerk der D-ABIW „Bielefeld". Beide 100-Modelle haben Pratt-&-Whitney-JT8D-Triebwerke mit 14.000 lbs Schub, welche eine Reisegeschwindigkeit von 920 km/h mit maximal 107 Passagieren erlauben. Lufthansa erhielt später noch ein Modell 200 mit JT8D-Triebwerken (Startschub 16.000 lbs), welches bis zu 189 Personen befördern konnte.

Die nächste Boeing für Lufthansa war die 737. Die erste von 21 zunächst bestellten Maschinen kam am 4. Februar 1968 in Hamburg an. Sie wurden als City Jets bezeichnet. D-ABHU „Konstanz“ ist hier in Frankfurt zu sehen. Lufthansa hat verschiedene Versionen eingesetzt, zuletzt die Serie 500. Die maximale Auslastung war mit 109 Passagieren erreicht. Hier sieht man einen Jet aus der Serie 200.

Lufthansa war die erste europäische Fluglinie, die Boeing 747 einsetzte. Die Kosten für ein Flugzeug lagen bei 80 Millionen Dollar. Die Auslieferung der ersten Maschine, D-ABYA, erfolgte am 30. März 1970 nach Hamburg. Lufthansa war außerdem weltweit die erste Fluglinie, welche die Frachtversion Boeing 747F in Betrieb hatte. Der erste Frachtflug über den Nordatlantik fand am 19. April 1972 statt. Um ein Beispiel für die großen Kapazitäten zu geben, veröffentlichte Lufthansa ein Werbefoto, auf dem eine Boeing 747F mit 72 VW Käfern zu sehen ist. Die Lufthansa 747F wurden CF-6-Triebwerken von General Electric (Startschub 16.000 lbs) angetrieben.

Die McDonnell Douglas DC-10 war das zweite Großraumflugzeug von Lufthansa. Das erste von neun Flugzeugen diesen Typs kam am 22. Oktober 1973 in Hamburg an. Anfang 1974 flog dieser Typ die Route Frankfurt – Rio. Ab dem Sommer wurden die vier ausgelieferten DC 10 auf den Südostasien- und Australienrouten eingesetzt. Hier sieht man die D-ADAO Düsseldorf in Long Beach kurz vor der Auslieferung. Alle Kennzeichen von Lufthansa-DC-10 endeten mit „O".

Das dritte Großraumflugzeug war der Airbus A300. Der erste Airbus wurde am 9. Februar 1976 von MBB in Hamburg-Finkenwerder an Lufthansa übergeben. Zum 50. Geburtstag von Lufthansa war dies ein passendes Ereignis. Der Airbus A300B-2 mit 249 Sitzen nahm am 1. April 1976 den Linienverkehr nach Algiers und Dubai auf. Dies hier ist die zweite ausgelieferte Maschine, D-AIAB „Rüdesheim am Rhein", angetrieben von einem General Electric CF6-50C.

Der Airbus A310 wurde von Lufthansa ausgewählt, um einerseits die Flotte zu vergrößern und andererseits schrittweise die Boeing 727 zu ersetzen. Lufthansa bestellte 25 Flugzeuge des neuen Typs und hatte Optionen auf weitere 25. Am 10. April 1983 nahm der erste Airbus A310 den Linienverkehr zwischen Frankfurt und Stuttgart auf. Anfang 1984 waren schon acht Flugzeuge ausgeliefert. Die hier abgebildete D-AICC ist die dritte Maschine.

Der kleinere Airbus A320 verfügt nur über einen Mittelgang. Lufthansa erhielt die erste Maschine im Oktober 1989, im Januar 1994 gefolgt von der längeren Version A321-100 und im Juli 1996 von der kleinen, 124-sitzigen A319-100. Dies ist der erste A319, D-AILA „Frankfurt (Oder)“. Bis 1998 hatte Lufthansa bereits 73 Flugzeuge aus dieser Familie in Betrieb, die die Boeing 737 ersetzten.

Der größte Airbus, der bestellt wurde, war der A340. Bis Ende 1998 hatte Lufthansa sechs A340-200 und zwölf A340-300 in Betrieb. D-AIBA „Nürnberg" aus der Serie 200 hebt gerade vom Flugfeld des Airbus Werkes in Toulouse-Blagnac zu einem Probeflug mit dem Test-Kennzeichen F-WWBE ab.

Am 10. März 1977 gründete Lufthansa für den Luftfrachtverkehr die Tochterfirma German Cargo Services. Mitte Mai hatte das neue Unternehmen zwei Boeing 707 von Lufthansa übernommen, später kamen noch zwei weitere hinzu. Alle wurden currygelb lackiert. Hier sieht man die erste 707, D-ABUA, auf dem Flughafen Hong Kong-Kai Tak im Jahre 1977. Im Hintergrund eine DC-9 der Luftwaffe von Kuwait, eine Hercules der britischen Luftwaffe und zwei Cathay TriStars.

German Cargo ersetzte ab 1985 seine Boeing 707-Maschinen durch vier McDonnell Douglas DC-8-73, die von dem amerikanischen Unternehmen Cammacorp mit Turbinenmotoren ausgestattet wurden. Hier sieht man drei Maschinen, D-ADUL, 'DUE und 'DUO auf dem Flughafen Frankfurt, dem Hauptsitz der German Cargo. Die DC-9 wurden ab 1998 durch Boeing MD-11F ersetzt.

Der neueste Typ, der bei Lufthansa Cargo (wie die Fluglinie nun heißt) eingesetzt wird, ist das Frachtflugzeug Boeing (früher McDonnell Douglas) MD-11F. Fünf Maschinen wurden gekauft, D-ALCA bis 'LCE, und 1998 in Betrieb genommen. Auf diesem Foto ist die zweite Maschine zu sehen, D-ALCB, ausgestattet mit CF6-80-Triebwerken von General Electric. Die MD-11F hat eine maximale Ladekapazität von 79 Tonnen, die DC-8 nur 49 Tonnen.

Am 31. Oktober 1955 wurde vom Norddeutschen Lloyd, der Deutschen Bundesbahn und Lufthansa der Deutsche Flugdienst gegründet. 1961 entstand aus dem Deutschen Flugdienst die Charterfluggesellschaft Condor Flugdienst. Ursprünglich flog man auf Vickers Vikings, aber Mitte der sechziger Jahre erhielt Condor vier Viscount von Lufthansa. Die hier abgebildete Viscount, D-ANUN, war die erste der Condor-Flotte. 1974 wurde sie als G-BAPF an British Midland verkauft, nachdem zuvor schon für Nora Air Services in Kassel geflogen war.

Ebenso wie Lufthansa ersetzte Condor später die Viscounts durch Boeing 737, welche von der Mutterfirma kamen. Condor-Maschinen hatten einen auf Hochglanz polierten Metallrumpf, Tragflächen, Leitwerk und Ruder waren gelb lackiert. Hier ist die 125-sitzige 737-320 D-ABFT zu sehen.

Genau wie Lufthansa hatte Condor Boeing 727-200 im Einsatz. Anfang der neunziger Jahre wurde dieser Typ bei beiden Gesellschaften durch den Airbus ersetzt. Das Kennzeichen D-ABKK wurde später bei einer Boeing 737-430 von Lufthansa Express wieder verwendet.

1979 wurde der Airbus A300B-4 D-AIBF „Kronberg im Taunus“ an Lufthansa geliefert. Später kam das Flugzeug zu Condor. Hier steht die „Kronberg“ auf dem Flughafen Frankfurt.

Der neueste Typ, welcher bei Condor eingesetzt wird, ist der Airbus A320-212. D-AICA ist das erste von acht Flugzeugen dieses Typs mit den Kennzeichen D-AICA bis 'ICH. Diese Kennzeichen hatten vorher bei Airbussen A310 von Lufthansa Verwendung gefunden. Die neuen Farben von Condor bestehen aus dem weißen oberen Rumpf, dem gelben unteren Rumpf, sowie gelben Tragflächen, Triebwerken, Leitwerken und Rudern. Die ersten drei Maschinen wurden im April 1998 in Dienst gestellt. Ihr Heimatflughafen ist Berlin-Schönefeld.

Ende 1979 erhielt Condor die zweite McDonnell Douglas DC-10, D-ADQO. Ausgestattet war die Maschine mit General-Electric-CF6-50-Triebwerken, die ca. 6% weniger Treibstoff als die Triebwerke der DC-10 von Lufthansa verbrauchten. Deshalb wurden diese DC-10 dann auch mit den moderneren Triebwerken nachgerüstet.

Für die Charterfluglinie Condor war die Boeing 757-200 ideal. 18 Flugzeuge dieses Typs wurden ab März 1990 über vier Jahre hinweg ausgeliefert. Hier sieht man D-ABNL im April 1993, wie sie zum Flugsteig gezogen wird.

Ende Juli 1991 wurde die erste von neun Boeing 767-300 an Condor ausgeliefert. D-ABUZ steht hier im April 1993 auf dem Flughafen Frankfurt. Die fortlaufenden Kennzeichen der folgenden Maschinen begannen mit D-ABUA. Mitte Januar 1995 waren alle in Dienst. Auf diesem Fotos sieht man ganz hinten in der Mitte die Viscount, auf der die Flugbegleiter der Lufthansa ausgebildet werden.

Die deutsche regionale Fluggesellschaft DLT hatte zwischen 1981 und 1984 sechs HS.748 in Betrieb. DLT führte verschiedene Flüge für Lufthansa durch, welche 26% von DLT besaß. Später übernahm Lufthansa das Unternehmen als Lufthansa CityLine. Die HS.748 wurden bis 1992 aus dem Verkehr gezogen und durch Fokker 50 ersetzt.

Die erste Fokker 50 wurde von DLT 1987 in Dienst gestellt. D-AFKA kam am 7. August zur Auslieferung. DLT erhielt ungefähr 30 Maschinen, aber die Zahlen gingen zurück, als im Oktober 1992 die ersten Jets vom Typ Canadair RJ eintrafen. Das neue Düsenflugzeug faßte ebenso viele Passagiere wie das Turbopropflugzeug von Fokker. Einige HS.748 werden noch von anderen Fluggesellschaften betrieben und kommen gelegentlich für Lufthansa CityLine zum Einsatz.

Contactair mit fünf de Havilland Canada (jetzt Bombardier) Dash 8-311 flog unter anderem für CityLine. Dieses ist das letzte an Contactair ausgelieferte Flugzeug, D-BKIM, auf dem Gelände des Herstellers in Toronto kurz vor der Auslieferung im März 1993. Wie die Fokker 50 wurde auch die Dash 8 1996 außer Dienst gestellt.

Lufthansa CityLine nutzt zur Zeit die Canadair RJ (jetzt ebenfalls Bombardier) mit 48 Sitzen und die 80-sitzige Avro RJ85 (unten). Die Auslieferung der Canadair begann im Oktober 1992. Mitte 1999 waren 31 Flugezeuge dieses Typs im Einsatz. Die Avro RJ, eine Weiterentwicklung der BAe 146 mit verbesserten Triebwerken und Instrumenten, wurde 1997 eingeführt. 18 dieser Flugzeuge fliegen auf europäischen Routen. Beide Typen sind sehr luxuriös mit Ledersitzen ausgestattet.

1996 restaurierte die Deutsche Lufthansa Berlin-Stiftung (DLBS) diese Arado Ar 79B in Zusammenarbeit mit dem Besitzer und dem Museum für Verkehr und Technik (MVT) in Berlin. Die Arado war früher eine Luftwaffen-Maschine und wurde dann für einige Jahre (vor 1955) im Saarland als SL-AAP eingesetzt, bevor sie das Kennzeichen D-ECUV erhielt. Das heutige Kennzeichen lautet D-EMVT. Im Jahr 2000 kehrte die D-EMVT in das Museum zurück – ihre Zeit in der Luft ist endgültig vorbei.

Diese Messerschmitt Bf 108B-1 absolvierte am 1. Juni 1940 bei Regensburg ihren Jungfernflug. Sie diente der Luftwaffe und wurde 1943 von in Tunesien von den Amerikanern erobert. In den USA bekam sie das Kennzeichen NX54208, wechselte mehrmals den Besitzer wurde schließlich als N108HP registriert. 1990 kaufte Lufthansa die Maschine, transportierte sie nach Frankfurt und restaurierte sie dort. Zunächst trug sie – in Gedenken an die Pilotin Elli Beinhorn – das Kennzeichen D-ELLI. Da aber schon eine Chessna dieses Kennzeichen trägt, erhielt die Bf 108B-1 das Kennzeichen D-EBEI.

Die Heimat entdecken!

Von Kiel bis Wien,
von Aachen bis Görlitz:
Entdecken Sie Alltagsgeschichten
aus Ihrer Heimatstadt!

Leben in der Großstadt …

Tauchen Sie ein in das quirlige Großstadtleben vergangener Tage. Spazieren Sie über breite Boulevards und stürzen Sie sich ins Nachtleben. Erkunden Sie ihre Stadt durch die Fensterscheiben einer Straßenbahn oder des ersten Käfers und bewundern Sie prächtig geschmückte Schaufenster.

Erinnerungen an die Schulzeit …

Erinnern Sie sich noch an die Zeiten von Abakus und Schiefertafel, an Klassenausflüge oder den ersten Taschenrechner? Blicken Sie zurück auf große Klassen und gestrenge Schulmeister, entdecken Sie auf Klassenfotos Freunde und Bekannte von früher!

… und das Arbeitsleben

Entdecken Sie, wie sich das Arbeitsleben in den letzten hundert Jahren verändert hat. Werfen Sie einen Blick in Fabrikhallen, blicken Sie Handwerksmeistern bei ihrer Arbeit über die Schulter und erinnern Sie sich an den Einkauf im Tante-Emma-Laden.

Gesellige Stunden im Verein …

Fußballclub und Schützenverein, Musikkapelle und Gesellenverein: Schauen Sie zurück auf Volksfeste und Turniere, Chorproben oder Prunksitzungen. Erinnern Sie sich an schöne Stunden und das gesellschaftliche Leben in Ihrer Heimat.